제품은
있으신 분

와디즈 리워드 크라우드 펀딩

2021. 6. 22. 초 판 1쇄 인쇄
2021. 6. 30. 초 판 1쇄 발행

저자와의
협의하에
검인생략

지은이 | 오경철, 황란, 김한울
펴낸이 | 이종춘
펴낸곳 | BM ㈜도서출판 **성안당**

주소 | 04032 서울시 마포구 양화로 127 첨단빌딩 3층(출판기획 R&D 센터)
| 10881 경기도 파주시 문발로 112 파주 출판 문화도시(제작 및 물류)

전화 | 02) 3142-0036
| 031) 950-6300
팩스 | 031) 955-0510
등록 | 1973. 2. 1. 제406-2005-000046호
출판사 홈페이지 | www.cyber.co.kr
ISBN | 978-89-315-7091-5 (03320)
정가 | 16,000원

이 책을 만든 사람들
책임 | 최옥현
진행 | 최창동
교정 · 교열 | 상:想 company
표지 · 본문 디자인 | 상:想 company
홍보 | 김계향, 유미나, 서세원
국제부 | 이선민, 조혜란, 김혜숙
마케팅 | 구본철, 차정욱, 나진호, 이동후, 강호묵
마케팅 지원 | 장상범, 박지연
제작 | 김유석

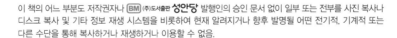

■ **도서 A/S 안내**

성안당에서 발행하는 모든 도서는 저자와 출판사, 그리고 독자가 함께 만들어 나갑니다.
좋은 책을 펴내기 위해 많은 노력을 기울이고 있습니다. 혹시라도 내용상의 오류나 오탈자 등이
발견되면 **"좋은 책은 나라의 보배"**로서 우리 모두가 함께 만들어 간다는 마음으로 연락주시기
바랍니다. 수정 보완하여 더 나은 책이 되도록 최선을 다하겠습니다.
성안당은 늘 독자 여러분들의 소중한 의견을 기다리고 있습니다. 좋은 의견을 보내주시는 분께는
성안당 쇼핑몰의 포인트(3,000포인트)를 적립해 드립니다.
잘못 만들어진 책이나 부록 등이 파손된 경우에는 교환해 드립니다.

와디즈 리워드 크라우드 펀딩

크라우드 펀딩할

제품은
있으신 분 ①

오경철, 황란, 김한울 지음

BM (주)도서출판 성안당

《와디즈 리워드 크라우드 펀딩》의 구성

두 권의 책을 한 권으로! 핵심만 쏙쏙 담았습니다.

제1권: 크라우드 펀딩할 '제품은 있으신 분'

펀딩할 제품은 준비되어 있으나, 와디즈에서 펀딩을 처음 준비하는 분을 위한 '와디즈 내비게이션' 역할을 해드립니다. 와디즈에서 알려주지 않은 꿀팁도 함께 담았습니다.

제2권: 크라우드 펀딩할 '제품도 없으신 분'

아이디어만 있고 아직 제품이 없는 분들을 위해, 아이디어를 제품으로 실현화하고 펀딩까지 하는 과정을 보여드립니다. 저희와 함께 실제 크라우드 펀딩을 진행했던 스타트업의 성공 노하우를 담았습니다.

책을 쓰게 된 결정적인 이유(문제 상황)

리얼 상황 1.

오: 나는 정말 돈 한 푼도 없이 아이디어만 가지고 와디즈에서 크라우드 펀딩을 할 수 있을 줄 알았어.

황: 와디즈 스쿨에서는 크라우드 펀딩을 통해 제품을 제조하고 양산할 수 있는 금액을 모금할 수 있다고 말합니다. 돈 한 푼도 없이 할 수 있다고는 말하지 않죠. 그런데 다른 분들의 펀딩 스토리만 봐도 어느 정도 비용이 소요되겠구나, 예상되지 않을까요?

오: 아니, 자금이 있어야 펀딩을 할 수 있다는 자체가 불편한 사실이지. 와디즈에서 자금이 있어야 펀딩할 수 있다고 말하지도 않잖아. 제품이 나오지도 않았는데 인증 서류부터 제출하는 게 말이 돼? 모금 후 생산하고, 인증받는 게 순서 아닌가? 인증은 공짜로 해? 모르고 덤볐다가 몇백은 우습게 깨져.

황: 어차피 사업하려면 당연히 필요할 것들인데 먼저 준비한다고 생각하면 되잖아요. 그 정도의 투자 없이 무슨 사업을 시작할 수 있겠어요?

오: 크라우드 펀딩을 통해 단순히 수요 예측만 하고 싶다면? 펀딩 결과에 따라 사업을 할지, 하지 않을지 결정하려고 한다면? 그냥 날리는 비용이야. 시작도 안 했는데 실패를 겪는 거라고.

리얼 상황 2.

오: 대기업이 크라우드 펀딩 시장에 진입한다…? 왜? 대기업에 모금이 필요한가?

황: 크라우드 펀딩의 목적이 단순히 모금에만 있는 건 아니죠. 수요 예측, 시장 분석 등 다양한 이유가 있을 수 있어요. 얼리어답터들의 반응을 보고 싶을 수도 있고요.

오: 대기업은 자금력도 크지만, 인력도 마찬가지야. 생산, 물류, 제품 디자인, 웹페이지 디자인, 기획 등 부서별 직원을 보유하고 있어. 같은 카테고리 라인의 리워드를 펀딩하면 당연히 스타트업이 대기업 규모의 경제에서 밀리지 않을까? 이건 크라우드 펀딩의 본질이 흔들리는 거라고. 시작점이 다른 싸움이야. 대기업이 끼어드는 건 반칙이라고 생각해.

리얼 상황 3.

오: 교육을 들을 때마다 누구나 쉽게 펀딩을 할 수 있을 것처럼 얘기하는 게 거슬려. 프로젝트 오픈을 누르고… 그다음에는 뭐부터 써야 할지 모르겠어.

울: 작성할 페이지가 열리는 순간, 진짜 한숨부터 나왔어요.

황: 그만큼 펀딩 페이지를 작성하는 방법이 아주 친절하게 곳곳에 안내되어 있어요. 내용을 입력하기 위해 입력 칸을 마우스로 클릭하면 작성 방법이 같이 떠요. 상세 설명을 볼 수 있는 페이지로 연결되는 링크도 안내되어 있고요. 좋은 자료들이 많으니 참고하면서 작성하면 되잖아요?

울: 그렇지만 어느 세월에 일일이 찾아보고, 스토리는 또 언제 쓰죠? 생각만 해도 귀찮아요.

오: 설명? 난 물건을 사도 뜯자마자 먼저 버리는 게 설명서야. 이런 사람이 나뿐일까? 힘들게 설명을 작성할 시간에 내 제품에 에너지를 더 쏟는 게 제품을 받을 서포터, 고객들에게도 더 이득 아닐까?

결론

크라우드 펀딩은 어렵습니다. 성공한 펀딩 페이지를 보면 알게 됩니다. 제품력이 가장 중요하지만, 그 좋은 제품력을 펀딩 페이지에서 어떻게 보여줄지, 전략을 기획하여 서포터들의 관심을 끄는 것이 무엇보다 중요합니다. 《와디즈 리워드 크라우드 펀딩》은 그 전략에 집중할 수 있도록 펀딩 진행을 위한 기본적인 가이드가 되어주는 책입니다. 제1권에서는 수많은 크라우드 펀딩 플랫폼 중 국내에서 펀딩 오픈 수, 회원 수, 월 방문 수가 가장 높은 와디즈 플랫폼에서 리워드(보상형) 크라우드 펀딩을 진행하는 방법을 중점적으로 다루었습니다. 또한 제2권을 통해 와디즈 크라우드 펀딩을 실제로 진행한 스타트업의 사례와 진행 과정을 보고, 크라우드 펀딩 진행 계획을 세울 수 있습니다. 펀딩(프로젝트) 오픈 방법에 대한 기본적인 요약을 보며 오픈을 준비해도 도움이 될 것입니다. 이 책을 보는 순서는 정해져 있지 않습니다. 목차를 보고 필요한 부분, 궁금했던 내용을 먼저 읽는 것이 좋습니다.

이 책이 성공적인 크라우드 펀딩으로 도약하기 위한 밑거름이 되기를 바랍니다.

contents

제1권

와디즈 리워드 크라우드 펀딩
크라우드 펀딩할
'제품은 있으신 분'

- ☑ 크라우드 펀딩 준비, 우선순위 정하기
- ☑ 펀딩 오픈을 위해 꼭 필요한 핵심만 쏙쏙!
- ☑ 와디즈 리워드 펀딩을 위한
  내비게이션 가이드가 되어드립니다!

CHAPTER 01 | 크라우드 펀딩의 기초

본문의 TIP 알아두기

CHECK 펀딩을 준비할 때 미리 점검해둘 체크리스트입니다.

꿀TIP 펀딩을 위한 필수 요소는 아니지만 참고할 만한 팁과 노하우입니다.

알아가기 알고 있으면 도움이 될 참고 자료로, 본문의 내용을 보충 설명하고 있습니다.

BEHIND 펀딩을 진행하면서 겪었던 비하인드 스토리, 아쉬웠던 점, 개선 방향 등을 소개합니다.

메이킹 스토리 제품이 만들어지는 과정을 알 수 있습니다.

펀딩 스토리 펀딩 페이지 작성을 위해 무엇을 준비했는지를 담았습니다.

※ '와디즈 리워드 크라우드 펀딩'을 줄여서 '펀딩'으로 표기하겠습니다.

크라우드 펀딩의 의미

■ 크라우드 펀딩이란?

크라우드 펀딩은 크라우드(crowd, 군중)로부터 펀딩(funding, 자금 조달)을 받는다는 의미입니다. 즉, 자금이 필요한 개인, 개인사업자, 기업, 단체가 금융기관 없이 온라인을 통해 불특정 다수의 소액투자자로부터 아이디어 실현을 위한 자금을 조달받는 것을 의미합니다.

알아가기

'와디즈'와 '텀블벅'은 국내 크라우드 펀딩을 대표하는 플랫폼입니다. 약 2015년부터 3~4년이란 짧은 기간에 펀딩 시장이 급성장하면서 최근 많은 기업과 창작자들이 이와 같은 플랫폼을 활용해 신제품을 알리고 홍보하는 모습을 볼 수 있습니다.
기업체뿐 아니라 개인 창작자도 펀딩 프로젝트를 통해 제품을 판매하거나 선한 영향력을 전파하는 경우가 점점 늘어나고 있습니다.

리워드형 펀딩 - 제품이나 서비스를 제공

투자형 펀딩 - 증권(주식, 채권 등)을 제공

Q 크라우드 펀딩을 하는 이유는 무엇인가요?

A 자금 확보, 신제품 홍보 등의 여러 장점이 있기 때문입니다. 펀딩을 모집하려는 메이커는 와디즈나 텀블벅 같은 온라인 플랫폼을 통하여 펀딩 프로젝트를 개설합니다. 투자를 희망하거나 얼리어답터가 되고 싶은 개인, 시장 변화의 흐름을 읽기 위한 기업 서포터 등이 온라인 플랫폼을 통해 메이커의 펀딩에 참여합니다.

다양한 크라우드 펀딩 플랫폼

■ 국내 최대 규모의 플랫폼, 와디즈

와디즈 크라우드 펀딩 규모
(리워드형·투자형 크라우드 펀딩 합산액)

(단위: 억 원)

출처: 시사저널, 와디즈 홈페이지

Q 와디즈의 규모는 어느 정도인가요?

A 국내 크라우드 펀딩 플랫폼 중 최대 규모인 와디즈는 지금까지 총 4,300억 원의 펀딩 모금에 성공했습니다(2021년 1월 15일 기준 누적 펀딩액). 연간 펀딩액은 최근 5년간 매년 250% 성장했고, 한 달간 사이트 방문자 수는 천 만 명을 돌파했습니다. 선보인 누적 프로젝트는 2만 4천여 건이며, 지난해 6천여 개의 스타트업 및 창업기업에서 1만 개가 넘는 새로운 프로젝트가 진행되었습니다. 펀딩에 참여한 서포터 수는 186만 명에 육박하고, 2020년 12월에만 천 건이 넘는 프로젝트가 개설되었습니다. 또한 파이낸셜 타임즈가 선정한 '아시아 태평양 고성장 기업 2020'에서 31위에 이름을 올렸습니다.

■ 국내 크라우드 펀딩 플랫폼 리스트

wadiz(와디즈)

tumblbug(텀블벅)

CROWDY(크라우디)

Happybean(해피빈)

OpenTrade(오픈트레이드)

OHMYCOMPANY(오마이컴퍼니)

■ 해외 크라우드 펀딩 플랫폼 리스트

Kickstarter(킥스타터)

Indiegogo(인디고고)

Quirky(퀼키)

Seedrs(시더스)

Thegadgetflow(가젯플로우)

Makuake(마쿠아케)

Zeczec(젝젝)

Flying V(플라잉브이)

Campfire(캠프파이어)

알아가기

국내 크라우드 펀딩 플랫폼
- 와디즈
  www.wadiz.kr
- 텀블벅
  www.tumblbug.com
- 크라우디
  www.ycrowdy.com
- 해피빈
  happybean.naver.com
- 오픈트레이드
  www.otrade.co
- 오마이컴퍼니
  www.ohmycompany.com

해외 크라우드 펀딩 플랫폼
- 킥스타터
  www.kickstarter.com
- 인디고고
  www.indiegogo.com
- 퀼키
  www.quirky.com
- 시더스
  www.seedrs.com
- 가젯플로우
  thegadgetflow.com
- 마쿠아케
  www.makuake.com
- 젝젝
  www.zeczec.com
- 플라잉브이
  www.flyingv.cc
- 캠프파이어
  www.camp-fire.jp

크라우드 펀딩을 해야 하는 이유

알아가기

크라우드 펀딩으로 얻을 수 있는 6가지 요소

- 브랜딩
- 마케팅
- 제조·양산
- 경험
- 초기 소비자 확보
- 고객 피드백

알아가기

구글 애널리틱스 광고

구매 행위 없이 잠시 들렀다 떠난 잠재고객(서포터)들을 다시 돌아오게 하고, 구매 행위를 하도록 구글에서 만든 '리마케팅 기법'으로 Google Display Network, mobile app, Google Search에 관련 광고를 노출시키는 것을 말합니다.
사용자가 한 번이라도 클릭했던 상품이 주로 웹 뉴스 한쪽 면에 노출되는 것을 확인할 수 있습니다.

■ 브랜드 확립 가능

와디즈는 월 1,000만 명이 방문하는 대형 플랫폼입니다. 전략에 따른 차이는 있지만, 사업 규모와 관계없이 제품 및 서비스 하나로 사람들의 이목을 집중시킬 수 있습니다. 따라서 브랜드를 확립하고자 할 때 크라우드 펀딩을 통해 많은 사람들에게 하나의 브랜드로 인식될 기회를 만들 수 있습니다.

■ 리마케팅 효과

펀딩 프로젝트를 게시만 해도 자동으로 홍보되는 와디즈 플랫폼. 내 상품에 관심 있는 잠재고객(서포터)이 한 번이라도 펀딩 페이지를 클릭하면, 다른 웹페이지로 이동하더라도 클릭했던 펀딩 상품 광고가 계속 따라다니며 리마케팅을 합니다. 이후 펀딩에 성공하면 와디즈에서 성공적으로 프로젝트를 마친 '아이템'이란 수식어를 얻어, 펀딩 이후 쇼핑몰 상세 페이지를 작성할 때 소비자에게 더 높은 신뢰도를 형성할 수 있습니다.

알아가기

제조 · 양산 계획 수립이 가능한 이유

리워드 발송일은 펀딩 종료 시점에서 최대 11개월까지이므로 리워드를 생산할 수 있는 시간을 충분히 확보할 수 있습니다. 따라서 펀딩이 종료된 후, 최종 펀딩된 수량에 맞춰 제품을 생산하여 발송할 수 있습니다.

리워드별 발송 예정일

1) 발송 예정일
펀딩 종료일로부터 11개월까지 발송 예정일을 설정할 수 있습니다.

2) 펀딩금 반환 지연 정책 변경
• 기존: 리워드 발송 예정일로부터 90일까지 발송되지 않은 경우, 91일부터 지연 반환 신청 가능
• 변경: 리워드 발송 예정일까지 발송되지 않은 경우, 이후 1일부터 지연 반환 신청 가능

※ 서포터가 지연 반환을 신청하면 신청 즉시 펀딩금이 반환되니 리워드 발송 예정일을 반드시 지켜야 합니다.

※ 리워드 종료일로부터 11개월까지 발송되지 않은 경우, 자동으로 반환 처리되니 유의하세요.

■ 제조·양산 계획 수립 가능

새로운 제품(또는 기존 제품을 업그레이드한 제품)만 펀딩이 가능한 만큼, 수요 예측이 어려운 상황에서 제조·양산이 진행된다는 것은 초기 창업자 및 소상공인에게는 어려운 일일 것입니다. 펀딩 오픈 이후 서포터의 반응과 펀딩률에 따라 생산을 예측할 수 있고, 펀딩된 수량만큼 제조하여 재고를 줄일 수 있습니다.

■ 온라인 시장 경험

펀딩은 예비 소비자와 직접 부딪히고 소통하며, 제한된 기간 속에서 온라인 시장을 경험해볼 수 있게 해줍니다. 또한 우리 회사의 제품과 서비스를 공개했을 때, 과연 지금 이 시대에 사람들이 반응하는 제품인지, 아니면 소수만 원했던 제품인지 수요 예측을 제대로 해볼 수 있는 경험 창구가 되어줍니다.

크라우드 펀딩 전, 먼저 설계할 것

☐ 크라우드 펀딩을 통해 얻고
자 하는 것을 명확하게 설정

☐ 제품·서비스 원가 분석 및
판매가 설정

☐ 목표 펀딩 금액 설정 후, 어
떤 방법으로 목표를 달성할
지 계획

■ 초기 소비자 확보

펀딩에 참여한 서포터가 초기 소비자가 되며, 펀딩 후 해당 리워드에 만족
한 서포터는 앵콜펀딩 참여 또는 재구매까지 연결될 수 있습니다. 또한 만
족한 소비자는 신규 고객을 불러오는 효과가 있습니다.

■ 고객 피드백

당장 필요한 제품이 아닌, 앞으로 필요할 제품·서비스를 펀딩하면서 기회
비용을 투자합니다. 그만큼 고객 피드백이 더 활발하게 이루어질 가능성
이 높습니다. 그 피드백이 긍정적이라면 변함없는 품질로 지속적인 관계
를 유지하고, 부정적이라면 해당 문제점에 대해 반드시 개선된 모습을 보
여주어 신뢰를 형성하는 것이 중요합니다.

온라인 쇼핑과 다른 점

■ 온라인 쇼핑 VS 크라우드 펀딩

온라인 쇼핑에서 제품 이름(예를 들면 '컴퓨터', '핸드크림'처럼 브랜드명을 제외한 키워드)을 검색했을 때, 상위 노출되는 항목은 정해져 있습니다. 첫째가 최저가 순서 정렬, 둘째는 브랜드 인지도가 형성된 제품, 셋째는 판매 순위에 따른 노출, 마지막으로 광고 집행 중인 제품입니다. 그렇다면 메이커들에게는 한시적 광고 비용을 지불하는 것만이 최선의 선택일까요?

온라인쇼핑몰 　　　**크라우드 펀딩**

브랜드가 확립되지 못한 스타트업 및 중소기업 제품은 광고료를 지불하지 않고는 판로 개척이 어려움

스타트업 및 중소기업 제품들이 스토리와 새로운 시도라는 특성을 갖고 바이럴을 통해 노출되면서 브랜드 확립 및 판로 개척이 가능함

온라인 쇼핑몰과 크라우드 펀딩 신제품 노출 확률 비교 그래프

Q 초기에 제품을 등록했을 때, 온라인 쇼핑몰보다 크라우드 펀딩이 비교적 노출 효과가 높은 이유는 무엇인가요?

A 내가 원하는 제품을 찾기 위해 어떤 키워드를 검색하면 전혀 관계없는 상품도 볼 수 있습니다. 하지만 와디즈 플랫폼에서는 지정된 키워드 범위 내에서만 프로젝트 펀딩이 공개되어 누군가에게 제품 출시를 알릴 때도 수월하고, 고객(서포터)도 쉽게 접근할 수가 있습니다.

놓치면 손해, 와디즈 기획전

■ 쏟아지는 혜택, 와디즈 기획전

①의 사진에서 ❶ [더 보기] ▶ ❷ [이벤트] 탭을 클릭합니다.

②의 사진처럼 다양한 이벤트 중 '기획전'이라는 문구가 포함되어 있는 이벤트 게시글을 클릭하면 상세 내용을 볼 수 있습니다.

이미지 출처: 와디즈 기획전 페이지

■ 와디즈에 올라온 기획전 예시(반려동물 편)

와디즈에서 말하는, 와디즈에서 펀딩해야 하는 이유
제품 생산 이전에 펀딩 오픈이 가능함
반려동물 용품에 주목도가 높은 회원 300만 명 보유
와디즈 TOP 배너 · 뉴스레터 마케팅 무상 지원
업계 바이어들이 주목하고 있는 플랫폼
제품 상세 페이지 내 영상 및 디자인 템플릿 지원

▌ 상단의 사진 ②에서 ❸ 을 클릭하면 위의 내용을 포함한 내용 전체를 볼 수 있습니다.

■ 모집 대상

> ### 내 방식대로 반려동물의 일상을 바꿀 메이커
>
> 반려동물 푸드를 개발 중인 중소기업
>
> 반려동물 헬스케어 제품을 제작하는 제조사
>
> 신규 제품의 시장성을 확인하고자 하는 스타트업
>
> 반려동물 핸드메이드 제품을 만드는 개인

이미지 출처: 와디즈 기획전 페이지

위의 4가지 조건 중 하나라도 해당되면 반려동물 기획전에 참가할 수 있었습니다. 반려동물 푸드, 헬스케어, 핸드메이드 제품뿐만 아니라, 반려동물에 관한 신규 제품을 가진 메이커는 모두 기획전에 참여할 수 있습니다.

■ 기획전 혜택

① 주목도가 높은 와디즈 배너 노출

와디즈 메인 TOP 배너

펀딩 초기에 프로젝트가 노출될 수 있도록 별도 기획전 페이지를 통해 TOP 배너와 뉴스레터 노출을 지원합니다. 여기에서는 개별 펀딩 프로젝트가 아닌, '○○ 기획전'과 같은 이름으로 노출됩니다. 즉 반려동물 기획전에 참가했다 해도 기획전 이름은 다를 수 있습니다.

② 즉각적인 유입을 이끌어내는 서포터 푸시

카카오톡 알림 푸시로 메이커의 프로젝트가 서포터들에게 알려집니다(2021년 3월 기준, 와디즈 카카오톡 친구 등록 인원: 68만 명).카톡 알림 푸시는 와디즈에 광고 비용을 지불하는 것이 아니라, 기획전에 참여한 메이커들에게 제공되는 서비스입니다.

③ 상세 페이지 디자인 및 영상 제작 템플릿 무상 지원

미리캔버스(miricanvas.com)에서는 셀프 디자인을 할 수 있는 템플릿을 제공하므로 디자인에 들어가는 시간과 비용을 절감할 수 있습니다. 미리캔버스의 템플릿 검색창에 '와디즈'를 검색하면 펀딩 페이지 작성을 위한 다양한 템플릿이 준비되어 있습니다.

비디오몬스터(videomonster.com)는 셀프로 영상 제작을 쉽게 할 수 있는 템플릿을 제공하는 곳으로, 영상 편집을 위한 시간과 비용을 절감할 수 있습니다. 스마트폰에서도 앱을 다운로드하면 쉽게 영상을 편집할 수 있습니다.

④ 물류 서비스 할인 지원

와디즈에서는 펀딩이 종료된 후 쉽고 저렴하게 제품을 배송할 수 있도록 CU post, 한진택배 등을 통해 물류 서비스 할인 혜택을 지원합니다. 배송 관련 서비스 내용은 와디즈 메인에서 [더보기] ▶ [이벤트] ▶ '하단 검색창'에서 '딜리버리'를 검색하면 자세히 볼 수 있습니다.

※ 한진택배 서비스 이용하기

실제로 펀딩 때 이용했던 한진택배 서비스. 현재까지도 편리하게 잘 이용하는 곳입니다. (자료 출처: 와디즈 홈페이지)

Q 와디즈 기획전 참가 조건은 무엇이고 또 어떤 혜택이 있나요?

A 와디즈 기획전의 혜택은 해당 기획전 페이지에 명시된 기간 내에 프로젝트 오픈을 진행해야 받을 수 있습니다. 참여 방법, 와디즈 PD 컨설팅 등에 대한 정보는 기획전마다 다를 수 있으니 페이지 마지막 주의 사항까지 꼼꼼히 확인하기를 추천합니다. 5차례 펀딩 진행 중, 4차례는 기획전 시기에 맞춰 펀딩 프로젝트를 진행했으며, 2차례는 와디즈 수수료 50% 감면 혜택을 받았습니다. 또한 공간와디즈 이용료를 50% 금액으로 누릴 수 있는 혜택도 종종 있다는 점! 기획전마다 혜택이 모두 다르고, 시시각각으로 업데이트되므로 될 수 있으면 기회를 놓치지 말고 좋은 혜택을 받아가는 메이커들이 많았으면 합니다.

와디즈 플랫폼 이해하기

■ 80% 이상의 크라우드 펀딩 시장 점유율을 가진 와디즈

와디즈 CSO의 펀딩 모티베이션 강의

크라우드 펀딩은 도전의 불확실성을 줄이고 성공의 지지 기반을 확보합니다.

Q. 많은 펀딩 업체 중, 와디즈에서 크라우드 펀딩을 진행한 이유는 무엇인가요?

A 1. 와디즈에서 성공하면 온라인 시장에 성공적인 진출이 가능할 것으로 보아서

A 2. 우리 제품과 서비스가 시장성이 있는지 스스로 확신할 수 없어서

A 3. '요즘' 판매 방식을 경험하기 위해서

A 4. 펀딩이 끝난 후, 새소식으로 서포터와 관계를 유지하고자

A 5. MZ 세대와 소통하고 싶어서

※ MZ 세대: 1980년대 초부터 2000년대 초까지 출생한 밀레니얼 세대와 1990년대 중반부터 2000년대 초반까지 출생한 Z세대를 통칭

누적 중개 금액	누적 프로젝트 오픈건수	연도별 중개 금액
4,020억	**22,300건**	

2019년 현재 1435억 / 2020년 전망 2500억(예상)
전년대비 2.4배 / 전년대비 140% 성장

와디즈 서비스 펀딩 교육 자료에서 발췌

와디즈는 다른 펀딩 플랫폼에 비해 유입 인구 규모 자체가 달라서 매년 지속적으로 성장하는 그래프를 보이고 있습니다. 취업 문턱은 높아지고 실력 있는 스타트업은 늘어나면서, 새로운 제품 및 서비스를 와디즈를 통해 출시하고자 하는 메이커가 늘어나고 있기도 합니다. 또한 예상치 못한 코로나19로 인한 언택트(untact) 문화가 대중화되면서 변화하는 시대의 트렌드를 읽기 위해 여러 경쟁 업체나 대기업 등의 MD들, 얼리어답터, 예비 소비자들이 주목하는 플랫폼입니다.

꿀TIP 항아리

진화하는 와디즈 2.0

■ 함께 성장하는 와디즈 2.0

와디즈 2.0은 현재 추진되고 있는 사업이며 아직 준비 중인 사업도 있습니다.

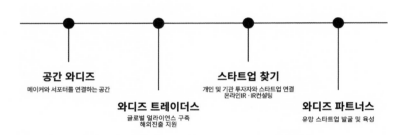

공간 와디즈
메이커와 서포터를 연결하는 공간

와디즈 트레이더스
글로벌 얼라이언스 구축
해외진출 지원

스타트업 찾기
개인 및 기관 투자자와 스타트업 연결
온라인IR · IR컨설팅

와디즈 파트너스
유망 스타트업 발굴 및 육성

> 와디즈는 단순한 크라우드 펀딩 플랫폼을 뛰어넘어 메이커, 서포터, 투자자 모두가 함께 성장할 수 있는 방향으로 나아가기 위한 사업을 계속해서 시도하고 있습니다.

① 공간와디즈

와디즈에는 도전하는 사람들과 그 도전을 지지하는 사람들이 모입니다.
이들은 진심으로 소통하고 투명하게 공유하며 함께 성장했지요.

그럼 우리 이제 직접 만날까요?
성수동에 와디즈 오프라인 공간을 열었어요.
와디즈 플랫폼에서 눈여겨보던 누군가의 도전을
공간 와디즈에서 직접 보고 만지고 체험해보세요.
궁금한 것은 물어보고 당신의 의견을 들려주세요.
직접 경험해보는 거예요.
그러고 나서 누군가를 지지한다면, 서로의 관계가 더욱 단단해질 거예요.

공간 와디즈는
새로운 영감과 가능성의
물줄기(wadi)가 되고자 합니다.

내용 출처: 공간와디즈 홈페이지

공간와디즈는 현재 진행 중인 펀딩 제품이나 서비스를 서포터가 실제로 펀딩하기 전에 미리 체험해볼 수 있는 오프라인 공간입니다. 펀딩하는 모든 리워드가 전시되는 것은 아니며 메이커의 선택, 공간와디즈의 일정에 따라 이용 금액을 지불하고 공간을 활용할 수 있습니다.

② 와디스 트레이더스

알아가기

왼쪽 사진 출처: 데이터넷, 〈와디즈·제이프렌즈, 국내 스타트업 중국 진출 지원 협력〉, 2020. 01.15.

와디즈는 해외 크라우드 펀딩 플랫폼과의 전략적 제휴를 통하여, B2B 기반 사업 모델인 와디즈 트레이더스를 통해 펀딩에 성공한 메이커들의 해외 진출을 돕습니다. 오른쪽 사진은 현재 국내 스타트업의 중국 진출을 돕기 위해 와디즈와 제이프렌즈가 업무 제휴 협약을 맺은 모습입니다.

③ 스타트업 찾기

투자 유치가 필요한 스타트업, 괜찮은 기업에 투자하고 싶은 VC, 엑셀러레이터, 엔젤투자자를 매칭해줍니다. 꼭 투자 유치를 원하지 않아도 와디즈에 기업 등록을 해두면 기업 파트너들이 언제든지 찾아볼 수 있어 기업 홍보에 도움이 될 것입니다.

④ 와디즈 파트너스

Tripbtoz⁺ AB180 ⊘셀러허브 ⓣ땡큐마켓®
얌테이블 bluereo ⓖgluup CO:ACTUS

와디즈에서는 유망 스타트업의 발굴·육성을 위해 직접 투자 및 컨설팅 영역으로 사업을 확대하고자 '와디즈 파트너스'를 신설했습니다. 와디즈 파트너스를 설립한 이후 현재까지 21개의 메이커 업체에 약 50억 원을 투자하여, 메이커들이 지속적으로 성장할 수 있도록 실질적인 지원을 할 수 있는 파트너들과 공동 펀드를 구축하는 데 집중합니다.

CHAPTER 02 | 메이커 등록하기

초간단 와디즈 가입하기

■ 와디즈 가입하기

① 와디즈 웹페이지에 접속하고 ❶ [회원 가입] 버튼을 누릅니다.

알아가기

와디즈 웹페이지

스마트폰 앱으로도 와디즈에 쉽게 가입할 수 있고 펀딩 프로젝트 스토리 작성 및 편집도 가능합니다.

[회원 가입] 버튼 클릭하기

② 외부 계정으로 연결하여 회원 가입할 때는 해당 ❷ 외부 계정(카카오, 네이버 등)을 PC 혹은 스마트폰 앱에서 로그인해야 합니다. 이메일로 가입할 때는 1회 이메일 인증이 필요하며, 인증한 이메일 주소 전체와 비밀번호를 입력한 후 로그인할 수 있습니다.

방법 1. 외부 계정으로 가입
카카오 계정으로 로그인해야 가입
가능(애플 · 네이버 · 구글 동일함)

방법 2. 이메일로 가입
이메일 1회 인증 후,
이메일 주소를 입력하여 로그인

외부 계정 혹은 이메일로 가입하기

와디즈 펀딩을 위한 메이커 등록

■ 키트에 꼭 필요한 구성

와디즈에 로그인한 후, 메이커 등록을 위해 프로젝트 오픈 신청(❶, ❷)을 합니다. 바로 펀딩 오픈이 진행되거나 페이지를 작성해야 하는 것은 아니며, 원하는 시점에 언제든지 시작할 수 있고 펀딩 오픈 전이라면 작성한 프로젝트는 언제든지 삭제할 수도 있습니다.

■ 메이커 정보 입력하기

알아가기

개인정보 수정, 프로필 사진 설정, 비밀번호 변경, 이메일 변경 등 정보 수정이 필요할 경우, 상단 [프로필] ▶ [설정]에서 변경할 수 있습니다.

[프로젝트 오픈 신청] 메뉴를 클릭한 후, ❸ [프로젝트 시작하기]를 누르면 본격적으로 메이커 정보를 작성할 수 있습니다. 메이커 정보에는 기업명, 펀딩을 진행할 제품·서비스의 카테고리 설정, 사업자 구분(개인, 개인사업자, 법인사업자 등)을 선택할 수 있습니다. 작성한 내용은 언제든 수정할 수 있습니다.

CHAPTER 03

기본 항목
작성하기

기본 요건 작성하기

■ 메이커 스튜디오의 첫 번째 항목 '기본 요건' 작성

메이커 등록 후, 본격적으로 펀딩 프로젝트 오픈을 준비할 수 있습니다. 먼저 메이커 등록에서부터 펀딩을 위한 모든 글과 자료가 작성되는 이 공간을 '메이커 스튜디오'라고 부릅니다. 메이커 스튜디오에 나열된 순서대로 하나씩 작성해보겠습니다. 첫 번째 항목은 '기본 요건'입니다.

① 기본 요건 확인하기

와디즈 펀딩 프로젝트 오픈 조건에 적합한지 확인합니다(❶). 국내 온라인 시장에서 이미 판매·유통 이력이 있는 제품은 펀딩이 불가능합니다. 기존에 판매했던 제품이지만 기능 향상 또는 품질 개선 등의 변화를 주었거나, 신제품 혹은 총판 계약을 맺은 해외 제품은 펀딩이 가능합니다.

② 리워드의 준비 상태 및 계획 작성하기

메이커가 펀딩에 얼마나 비중을 두고 임하는지 확인하기 위한 항목입니다(❷).

답변 예시) 핸드크림 리워드: '향+보습+소독' 세 가지를 결합한 핸드크림으로, 현재 ○○회사와 제품 개발 중입니다. 현재까지 완성도는 80%이며, 펀딩 100% 달성 시 10,000개의 제품을 생산할 계획입니다. 위탁제조는 □□업체에서 맡아 OEM 생산할 예정입니다.

기본 요건 작성 페이지(1)

③ 리워드 전달 방법 작성하기

리워드 전달 계획을 입력합니다(❸). 전달 방법은 직접 전달을 비롯해 SMS, 이메일, 홈페이지를 통한 발급, 택배 등이 있으며, 리워드 유형에 따라 달라질 수 있습니다. 입력 칸을 클릭하면 예시 답변을 볼 수 있습니다.

기본 요건 작성 페이지(2)

④ 펀딩하려는 리워드의 종류 및 제작 형태 선택하기

리워드는 어떤 종류에 해당하는지(패션·테크·홈리빙 등) 정확하게 선택합니다. 리워드의 종류에 따라 필수 서류(❹)가 달라집니다.

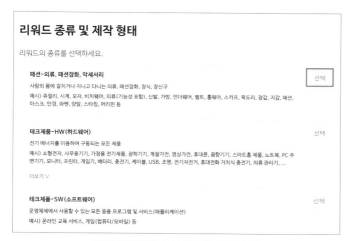

리워드 종류 및 제작 형태 선택 페이지

알아가기

카테고리가 없을 경우, 맨 마지막에 있는 '위 카테고리에 명백히 포함되지 않습니다' 항목을 선택한 후 다음 안내에 따라 작성합니다.

펀딩 준비 과정에서 기본 요건
이 모두 작성되지 않아도 다른
항목을 먼저 작성할 수 있다는
장점이 있지만, 이 부분만큼은
펀딩 페이지 작성 전에 꼭 먼저
짚고 가야 합니다. 준비를 다 했
는데 펀딩을 할 수 없는 상황이
발생할 수 있기 때문입니다. 펀
딩이 100% 달성할 경우에 제작
을 착수하려고 계획했지만, 제
품 제작이 진행된 상태에서 발
급 가능한 서류도 있기 때문에
반드시 먼저 체크해야 합니다.

⑤ 리워드 펀딩을 위한 필수 서류 확인하기

종류별 그리고 제작 형태별로 리워드에 따른 필수 서류를 확인할 수 있습니다. 금형을 이용
하여 제작하는지, 메이커가 직접 만드는지, 위탁제조를 맡기는 제품인지 여부에 따라 필수
서류도 달라지므로 정확하게 체크하는 게 좋습니다. 필수 서류는 페이지 하단에서 직접 올
릴 수 있으며, 이메일로 자료를 첨부해 제출할 수도 있습니다.

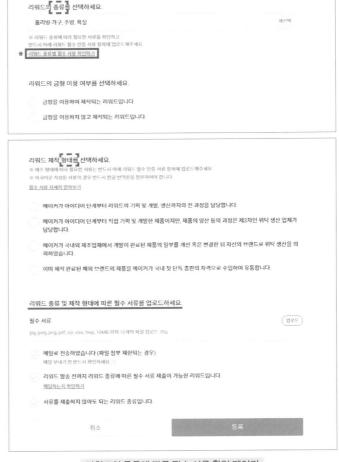

리워드의 종류에 따른 필수 서류 확인 페이지

와디즈에 문의하기 및 부가 서비스

■ 프로젝트 준비 중, 와디즈에 문의하기

프로젝트를 준비하는 과정에서 궁금한 점이 있을 때 하단의 ❶번 말풍선을 클릭하면 채널톡이 시작됩니다. ❷[새 대화 시작] 버튼을 누르고 궁금한 영역을 클릭하면 안내창이 열립니다(챗봇). 궁금한 질문 내용이 없거나, 원하는 방향의 답변을 찾지 못할 경우 카카오톡으로 질문을 보내면 답변을 받을 수 있습니다.

와디즈 문의 및 오픈예정 서비스 신청 페이지

■ 와디즈의 '오픈예정 서비스'란?

오픈예정 서비스는 펀딩을 시작하기 전 최소 7일의 기간 동안, '오픈예정' 페이지에 펀딩이 곧 오픈될 것이라는 홍보를 하여 '알림신청 서포터'를 모으는 서비스입니다.

알아가기

오픈예정 서비스는 선택 사항이며, 와디즈 플랫폼 수수료 7%에 별도 수수료 3%가 추가됩니다. (모든 수수료는 부가세 별도)

요금제 선택

<알아가기>

요금제 상세구성 설명 안내

① Light

- 펀딩 오픈: 와디즈에서 오픈하는 것
- 와디즈 스쿨 수강(126쪽)
- 콘텐츠 제작 도우미: '미리캔버스'를 의미(60쪽)
- 와딜리버리: 와디즈가 배송업체와 제휴하여 제공하는 배송비 절감 혜택
- 데이터플러스(beta)
- 새소식 알림: '새소식'을 등록하면 서포터에게 푸시 알림 제공(110쪽)
- 펀딩 인증마크: 펀딩 홍보 시 와디즈에서 펀딩한다는 인증을 할 수 있도록 인증마크 제공

② Basic

- 오픈예정 서비스(98쪽)

③ Pro

- 공간와디즈 쇼룸: 공간와디즈에 전시되는 것(전시 유형에 따라 추가 수수료가 발생할 수 있음) (125쪽)

④ Expert

- 광고대행 중개 서비스: 와디즈 공식 계정으로 페이스북 및 인스타그램 광고를 집행할 수 있도록 돕는 광고대행 서비스(와디즈 광고센터와 별개)
- PD 컨설팅: 와디즈에서 성공 사례를 만든 프로젝트 디렉터가 멘토링 진행
- 에디터 피드백: 와디즈 전문 에디터가 리워드별 맞춤형 피드백을 제안

■ 4가지 요금제 중 선택

펀딩 준비의 첫 번째 카테고리, [요금제 선택]을 클릭합니다. 와디즈 플랫폼을 이용하는 수수료를 총 4가지의 요금제 중 선택할 수 있습니다.

■ 요금제 안내

요금제에 대한 자세한 내용은 하단의 [자세히 알아보기]를 클릭하면 볼 수 있습니다. 요금제에 따른 서비스를 제공하므로 예상하는 펀딩 오픈 일정보다 늦어질 수 있습니다.

꿀TIP 항아리

오픈예정 서비스의 필요성 🍯꿀tip

■ 오픈예정 서비스의 효과

오픈예정 서비스를 통해 얻을 수 있는 장점

펀딩 시작 전, 우리 프로젝트에 얼마나 많은 사람이 관심을 가질지 예측 가능

펀딩 오픈 초반에 펀딩률을 높이는 데 유리하게 작용

서포터들은 관심 있는 제품이 펀딩을 시작하면 얼리버드 혜택을 누릴 수 있음

Q 오픈예정 서비스, 어떻게 활용하나요?

A 메이커 스튜디오의 [스토리 작성] 카테고리 하단에 [오픈예정 스토리]를 작성하는 칸이 있습니다. 이 칸에 스토리 핵심 내용을 요약하여 작성합니다. '자세한 내용은 본 펀딩 페이지에서 공개합니다. 알림신청하여 확인해보세요!'와 같은 멘트로 알림신청을 유도하는 메시지도 작성할 수 있습니다. 오픈예정 스토리 페이지에 한정수량 리워드에 대해 강조하며, 먼저 펀딩하지 않으면 혜택을 놓칠 수 있다는 점을 어필하는 내용도 넣으면 좋습니다.

BEHIND

리워드의 진정성, 본 펀딩 페이지에 따라 알림신청자의 펀딩 전환율은 달라질 수 있습니다

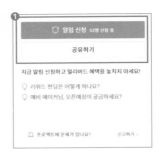

❶ 오픈예정 서비스를 신청하면 서포터들이 알림신청 및 공유하기 가능, ❷ 오픈예정 스토리 작성하기

■ 초기 펀딩률을 높일 수 있는 오픈예정 서비스

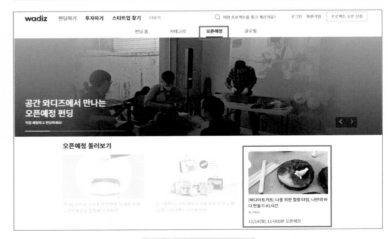

오픈예정 프로젝트 보기

Q 초기 펀딩률 높이기, 왜 중요한가요?

A 예를 들어, 서로 다른 두 메이커의 AI 살균 청소기가 동시에 펀딩이 진행되고 있다고 가정하겠습니다. 하나는 펀딩률 300%를 달성 중이며, 다른 하나는 15%를 달성했습니다. 서포터들은 둘 중 어떤 제품을 먼저 클릭할까요? 아마 300% 달성 중인 제품을 먼저 클릭할 서포터가 더 많을 것입니다. 클릭한 제품의 프로젝트 스토리를 보고 신뢰감이 형성되어 펀딩에 참여하기로 결정했다면, 펀딩률 15%의 제품을 관심 있게 볼 확률은 떨어지게 되겠죠. 따라서 초반 펀딩률을 높이는 것이 중요합니다. 펀딩률이 급상승한 프로젝트는 메인이나 카테고리 상단에 노출될 확률도 높아서 펀딩을 진행하는 데 긍정적인 영향이 계속 발생하게 됩니다. 이러한 장점을 이끌어내기 위해서는 오픈 예정 서비스를 잘 활용하는 것이 중요합니다.

Q 알림신청 후 실제로 펀딩 전환율은 얼마나 되나요?

A '바다아트키트'의 경우 총 145명의 서포터 중에서 8.4%가 알림신청을 한 서포터(총 98명)였으며, '영화카드'의 경우 총 147명의 서포터 중 12.2%가 알림신청을 한 서포터(총 65명)였습니다. 즉, 알림신청을 한 서포터가 평균 11% 정도였으며 두 펀딩 모두 와디즈의 직접 유입 비중이 가장 높았습니다.

■ 바다아트키트의 오픈예정 서비스 이용 결과

바다아트키트의 와디즈 유입경로별 펀딩 비중 중에서 알림신청자의 펀딩 전환율은 12.2%였습니다.

■ 영화카드의 오픈예정 서비스 이용 결과

영화카드의 알림신청 현황을 보면 날짜별로 알림신청을 한 인원수 (총 65명)를 알 수 있습니다.

바다아트키트의 와디즈 유입경로별 펀딩 비중에서 알림신청자들의 펀딩 전환율은 11%였습니다.

기본 정보 작성하기

■ 메이커 스튜디오의 두 번째 항목 '기본 정보' 작성

기본 정보는 펀딩을 진행할 리워드(제품·서비스) 정보를 입력하는 항목입니다. 이곳에 입력하는 프로젝트 제목과 대표 이미지는 ❶처럼 가장 먼저 서포터에게 보여집니다. 따라서 리워드가 무엇인지 정확하게 드러내면서 클릭하고 싶게 하는 문구와 이미지를 올리는 것이 중요합니다.

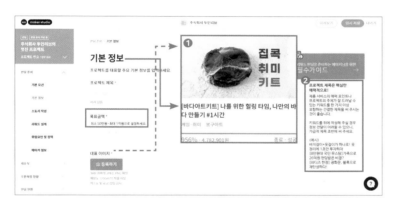

대표 이미지와 프로젝트 제목 작성 전략

제목과 사진만으로 무엇을 판매하는지 직관적으로 알 수 있어야 함

리워드의 차별적인 특성(수치·키워드)을 적극 활용하기

리워드를 쉽게 인식시킬 수 있는 애칭 사용하기(ex. 바다아트키트)

대표 이미지와 프로젝트 제목을 조화롭게 하기

대표 이미지에는 3MB 이하의 사진 파일을 등록할 수 있습니다. 사진은 가로 1200픽셀, 세로 675픽셀 이상의 사이즈로 등록해야 합니다.
목표 금액은 최소 50만 원부터 최대 1억 원까지 설정할 수 있습니다. 목표 금액이 100% 달성되었을 때만 전체 금액이 결제되며, 결제 후에는 반드시 서포터에게 리워드를 발송해야 합니다. (단, 기부나 후원처럼 리워드가 없는 프로젝트는 제외)

■ 카테고리 선택, 프로젝트 종료일 설정

알아가기

트렌드에 따라 인기 있는 카테고리가 있습니다. 예를 들어, 캠핑이 떠오를 때는 여행·레저가, 계절이 바뀌는 환절기에는 의류가 포함된 패션·잡화가 인기 있습니다. (단, 유동성이 큼)

❶ 카테고리 선택하기: 펀딩하려는 리워드가 어느 카테고리에 해당하는지를 설정합니다. 와디즈 메인페이지에 카테고리가 노출되는 순서도 참고하면 좋습니다. (2021년 3월 기준, 노출 순서 고정) 카테고리는 리워드 목적에 가장 적합한 단어를 선택합니다. 예를 들어, 리워드 형태가 '서포터가 직접 만드는 홈리빙 키트'이면서 키트를 만드는 과정을 중점으로 두는 제품이라면 '취미' 카테고리를 선택하고, 만든 후 완성품적인 측면에 중점을 두면 '홈리빙' 카테고리를 선택합니다.

❷ 프로젝트 종료일 설정하기: 프로젝트 종료일은 펀딩 오픈 기간을 어떻게 설정하느냐에 따라 달라질 수 있습니다. 스토리, 리워드 설계 등 모든 펀딩 준비와 관련된 내용을 작성한 후, 제출 전에 종료일을 설정하는 것이 좋습니다. 프로젝트 제출 후 피드백 기간으로 약 10일 정도 소요됩니다. (진행한 3건 모두 평균 5~6회 피드백 과정을 거쳤으며, 프로젝트 최종 승인까지 10일이 소요되었습니다.)

알아가기

꼭 카테고리 순서대로 펀딩을 준비해야 하는 것은 아닙니다. 아직 스토리 작성도 안 되었고 정확한 일정도 잡히지 않았다면, 프로젝트 종료일은 모든 준비를 마치고 프로젝트를 제출하기 전에 설정해도 좋습니다.

테크·가전	패션·잡화	뷰티	푸드	홈리빙	디자인소품	여행·레저	스포츠·모빌리티
반려동물	모임	공연·컬처	소셜·캠페인	교육·키즈	게임·취미	출판	기부·후원

카테고리 설명, 프로젝트 종료일 설정

미리캔버스로 이미지 사이즈 조정하기

꿀TIP 항아리

■ 미리캔버스로 대표 이미지의 사이즈를 조정하는 법

① 미리캔버스에 접속하여 가입한 후, [템플릿]을 클릭합니다.

② 사이즈에 적힌 숫자를 클릭하고 [직접 입력]을 클릭합니다.

③ 사이즈를 입력할 수 있는 칸이 뜨면 '1200×675'를 입력하고, 단위는 PX(픽셀)로 설정합니다.

④ 편집할 사진을 불러오기 위해 [업로드]를 클릭합니다.

⑤ [내 파일 업로드]를 클릭하여 대표 이미지로 등록하려는 사진을 불러옵니다.

⑥ 사진이 등록되면 마우스로 드래그하여 사진 사이즈를 조정합니다.

⑦ 사진을 클릭하면 필터 기능이 활성화되어 사진의 밝기, 색조 등을 자유롭게 조정할 수 있습니다.

⑧ [저장] 버튼을 누릅니다.

⑨ [다운로드]를 클릭하여 고해상도 다운로드를 진행합니다.

알아가기

미리캔버스 웹페이지

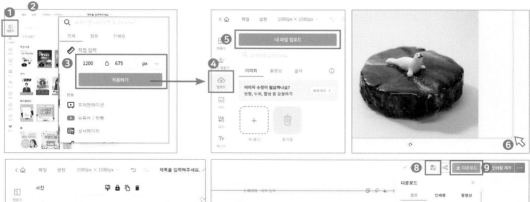

미리캔버스를 통해 이미지 사이즈 조정하기

적정한 목표 금액 설정하기

꿀TIP 항아리

① 목표 금액을 얼마로 설정할 것인지 계획해봅니다.

_____

_____

_____

② 목표 금액 달성을 위해, 어떤 전략을 세울지 고민해봅니다.

_____

_____

_____

■ 적정 목표 금액 설정하기

① 50만 원으로 설정하는 경우

수세미, 다이어리, 노트, 소품 등 주로 리워드 가격이 낮은 제품(5천 원에서 2만 원 정도)일 경우 최소 금액인 50만 원으로 설정합니다. 펀딩 성공 여부와 관계없이 무조건 리워드를 제작하는 경우, 높은 펀딩 성공률을 달성하기 위해 최소 금액으로 설정하기도 합니다.

② 50만 원~100만 원으로 설정하는 경우

평균적으로 가장 많이 설정하는 값으로, 소액 달성되어도 펀딩률이 높아 보이는 효과를 줄 수 있습니다. 이 금액대 역시 펀딩 금액과 상관없이 제품 및 서비스를 출시하고자 할 때 주로 설정하는 목표 금액입니다.

③ 100만 원 이상

실제로 이 정도는 펀딩되어야 제품 생산 착수를 진행할 수 있을 때 설정합니다. 예를 들어 무가당 웰빙 소스를 펀딩하려는 상황을 가정해보겠습니다. 시제품으로 테스트도 마쳤고 생산할 공장과 위탁계약을 진행했으나, 최소 생산량이 1만 개이고 제품의 유통기한이 짧아서 300만 원 이상 펀딩되지 않으면 생산이 어려운 제품입니다. 이럴 때는 300만 원을 목표 금액으로 잡아야 합니다.

CHAPTER 04

스토리 작성 방법

기본 항목 입력하기

■ 소개 영상·사진 및 프로젝트 요약 등록

스토리 본문을 작성하기 전에 먼저 펀딩 페이지의 상단에 올라갈 '소개 영상·사진'을 등록하여 대표 사진과 스토리가 자연스럽게 연결될 수 있게 합니다. 스토리를 먼저 작성한 후 요점을 정리하면 강점이 부각됩니다.

스토리 작성 도입부

사진·영상·GIF 등록하기

600픽셀 이상 고해상도 이미지 등록하기

유튜브나 비메오의 링크(URL)로 영상 등록하기

600픽셀 이상 크기의 GIF(움짤) 파일 등록하기

프로젝트 요약 작성하기

프로젝트 페이지 상단 및 지지서명(페이스북) 홍보 시,
노출되는 100자 이내 문구 입력하기

■ 실제 페이지 상단 이미지 및 문구(예시)

① 바다아트키트

바다아트키트의 상단 이미지 및 문구 예시

바다아트키트가 탄생하기까지의 짧은 과정을 영상으로 담아 편집한 후, 유튜브에 '집콕예술생활'이라는 콘셉트로 영상을 올리고 와디즈 소개 영상으로 등록했습니다. 바다아트키트는 집에서 짧은 시간에 즐길 수 있는 취미키트라는 점이 핵심입니다. 즐기려고 시작한 취미가 생각보다 어려우면 오히려 스트레스를 받을 수도 있는데, 이 키트는 누구나 쉽게 즐기면서 아름답게 표현할 수 있다는 점을 부각시켰습니다.

② 손소독제

손소독제의 상단 이미지 및 문구 예시

우리나라를 대표하는 손소독제로 거듭나고 싶은 마음과, 기존의 제품과는 달리 '손소독×수분 충전×은은한 꽃향기'라는 삼박자를 모두 맞춘 손소독제임을 강조했습니다.

꿀TIP

리워드가 가장 돋보일 수 있는 이미지 등록하기

대표 이미지와 상단의 영상·사진은 펀딩 오픈 이후에도 유일하게 변경할 수 있는 항목입니다. 영상은 1개까지 등록할 수 있으며, 이미지는 여러 장 등록할 수 있습니다. 펀딩 오픈 이후에 새로운 느낌을 주기 위해 대표 이미지를 변경하는 방법도 좋고, 새소식에 올릴 현재 진행 상황(메이킹 스토리)을 업데이트해서 보여주어도 좋습니다.

꿀TIP

스토리 요약 작성 전략

① 제품의 필요성을 부각시킵니다. (ex. 이런 상황에 필요합니다.)

② 제품의 강점을 언급하여 작성합니다. (ex. 콧대를 누르지 않는 10g 초경량 안경)

■ 스토리 광고 심의 동의

① 스토리 광고 심의 동의하기

스토리 작성을 위해 필수적인 스토리 광고 심의 동의

상세 스토리를 작성하기에 앞서, 리워드 품목별로 요구되는 법령을 준수해야 한다는 동의를 먼저 진행합니다. 이에 따른 표시 및 광고 가이드라인이 제시되어 있으며, 가이드라인을 클릭하면 리워드 종류에 따른 설명을 볼 수 있습니다. 이 영역에서 동의를 진행해야 스토리 작성으로 넘어갈 수 있습니다.

CHECK

스토리 광고 심의 동의 후, 반드시 리워드 품목에 맞는 가이드라인을 확인하고 스토리를 작성합니다. 가이드라인을 확인하지 않으면 스토리 콘셉트부터 바꿔야 하는 상황이 발생할 수 있습니다. (ex. 어떤 기능을 강조하기 위해 내용을 작성하는데, 관련 인증 서류가 없거나 적합하지 않을 경우 등)

② 동의한 상세 내용 확인하기

스토리 광고 심의 동의를 한 내용은 이후 확인 가능

만약 광고 심의 내용을 놓치고 가이드라인에서 벗어나는 스토리를 작성하여 제출할 경우, 와디즈 심사팀에서 검토한 후 가이드 준수를 요청하는 피드백을 줍니다. 피드백에 맞게 수정한 후에 펀딩 프로젝트 오픈이 가능합니다.

꿀TIP 항아리

펀딩 페이지에 사용 가능한 펀딩 용어

■ 반드시 올바르게 사용해야 하는 펀딩 용어

알맞지 않은 펀딩 용어를 사용하면 펀딩 승인에 제한이 있을 수 있습니다. 펀딩 페이지를 제출하기 전, 사용 가능한 펀딩 용어를 다시 한번 점검해야 오픈 일정에 맞춰 진행할 수 있습니다. 올바른 용어 사용은 서포터와의 대화에서도 잘 지켜져야 합니다. 메이커가 용어를 다르게 쓰는 순간, 서포터도 이를 펀딩이 아닌 쇼핑이라고 생각하게 되는 요인으로 작용할 수 있습니다.

펀딩에 알맞지 않은 용어	사용 가능한 펀딩 용어
클라우드 펀딩	크라우드 펀딩
구매, 판매, 주문	펀딩
수익금, 후원금, 판매금	펀딩금
환불, 반품	펀딩금 반환
판매자, 메이커스	메이커
고객, 구매자, 소비자, 서포터즈	서포터
상품	리워드, 제품
완판, SOLD OUT	마감, 펀딩 종료
증정, 사은품	선물, 추가 리워드
할인, 할인 혜택, SALE, DC(discount), OFF	혜택, 가격 혜택
특가, 할인가, 세일가, 와디즈가, 혜택가	얼리버드, 와디즈 혜택

알아가기

펀딩 용어 기준, 지지서명 혜택 등의 상세 내용은 와디즈 정책에 따라 변경될 수 있습니다.

■ 알아두면 쓸모 있는 용어

🔔 알림 신청

펀딩 프로젝트를 정식 오픈하기 전, 서포터들에게 프로젝트를 홍보할 수 있는 부가 서비스입니다. 오픈예정 펀딩에 알림신청을 한 서포터는 SMS, 카카오톡으로 알림 메시지를 받을 수 있습니다. (프로젝트 오픈 및 새소식 등록 시 메시지나 앱 푸시로 알림)

지지서명 참여 🖐

지지서명은 현재 펀딩 중인 프로젝트를 서포터 본인의 페이스북에 공유하여 연결된 이들에게도 홍보할 수 있는 기능입니다. 펀딩 참여 후 지지서명에도 참여하면 최대 1,100원 포인트 적립도 받을 수 있습니다.

꿀TIP 항아리

'임시 저장'과 '저장'의 차이

■ 효과적인 업무를 위한 '임시 저장' 기능 활용하기

펀딩을 위한 6가지 항목 작성 시, 우측 상단(PC 기준)의 [임시 저장] 버튼을 활용하면 좋습니다. 일정 시간이 지나면 작업하는 도중에도 로그아웃될 수 있으므로 수시로 임시 저장을 하는 것이 중요합니다. 더 수정할 내용이 없을 때는 페이지 하단의 [저장하기]를 누릅니다. 저장을 해도 수정은 가능하지만, [임시 저장] 버튼이 사라져서 만약 추가 수정이 필요하게 되면 페이지 하단까지 내려와 [저장하기]를 눌러야 하는 불편함이 생기게 됩니다.

① 스토리 작성 중에는 ❶ [임시 저장] 버튼을 활용합니다.

페이지 작성 중에는 임시 저장 기능을 활용하고, 최종 제출 직전에 저장하기

② 스토리 작성 완료 후에는 ❷ [저장하기] 버튼을 눌러 최종 제출합니다.
(※ 하단의 [저장하기] 버튼을 누르면, 상단의 [임시 저장] 버튼이 사라짐)

하단의 [저장하기]를 누르자 [임시 저장] 버튼이 사라진 모습

스토리 작성을 위한 에디터 사용법

■ 프로젝트 스토리 작성을 위한 에디터 사용법 익히기

펀딩 준비 카테고리에서 [스토리 작성]을 클릭합니다. 스토리를 작성하기 전, ❶
번의 에디터 사용 방법과 ❷번 스토리 작성에서 필수로 들어가야 하는 내용을 살
펴보겠습니다.

프로젝트 스토리 본문 작성하기

■ 편집 아이콘 활용하기

① 문단 스타일(글자 크기) 활용

문단 스타일 활용 방법

[본문] 칸을 클릭하면 '대제목, 소제목, 본문, 사진주석' 4가지 형태로 글을 작성할 수 있습
니다.

② 강조 효과

알아가기

사진주석 및 따옴표 인용구는 가운데 정렬로 설정되며, 나머지는 모두 양쪽 정렬입니다. 글자 정렬을 변경하는 기능은 없습니다.

꿀TIP

글자를 강조하는 '효과'는 핵심 키워드에만 적용하는 것이 좋습니다. 문장 전체를 밑줄로 강조하거나 효과 사용 빈도수가 높으면 강조하고자 하는 핵심이 오히려 돋보이지 않을 수 있습니다.

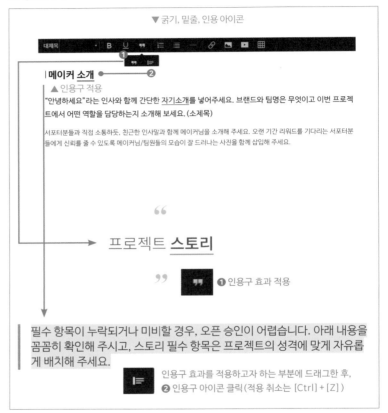

글자의 굵기, 밑줄, 인용구 활용 예시

글자의 굵기 조정, 밑줄 및 인용구 효과를 줄 수 있습니다. 글자 굵기는 본문의 크기에서만 조절이 가능하며, 밑줄은 녹색으로 표기됩니다. 인용구는 제목이나 본문 내용 중에서 강조하고 싶은 내용이 있을 때 사용하면 좋습니다. 인용구 효과를 취소하고 싶을 때는 효과가 적용된 영역을 마우스 드래그로 선택한 후 해당 아이콘을 다시 누르거나, [Ctrl]+[Z]로 직전 효과 취소가 가능합니다. (연속적으로 [Ctrl]+[Z]를 누르면 작업이 진행된 역순으로 작업 내용이 뒤로 돌아갑니다.)

③ 순서 및 구분

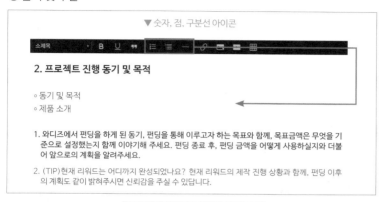

▼ 숫자, 점, 구분선 아이콘

2. 프로젝트 진행 동기 및 목적

◦ 동기 및 목적
◦ 제품 소개

1. 와디즈에서 펀딩을 하게 된 동기, 펀딩을 통해 이루고자 하는 목표와 함께, 목표금액은 무엇을 기준으로 설정했는지 함께 이야기해 주세요. 펀딩 종료 후, 펀딩 금액을 어떻게 사용하실지와 더불어 앞으로의 계획을 알려주세요.
2. (TIP)현재 리워드는 어디까지 완성되었나요? 현재 리워드의 제작 진행 상황과 함께, 펀딩 이후의 계획도 같이 밝혀주시면 신뢰감을 주실 수 있답니다.

머리 기호 및 구분선 활용하기

순서를 나타내기 위한 번호 매김, 글머리 기호, 내용 구분을 위한 구분선을 사용할 수 있습니다. 이 기호들은 글자 크기나 굵기와 상관없이 모두 동일한 크기로 적용됩니다. (기호 크기 변화 없음)

■ 링크, 사진, 영상, 표 삽입하기

① 링크 삽입

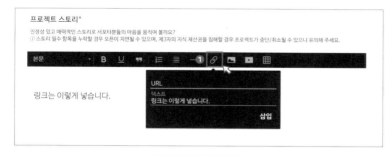

프로젝트 스토리*

진정성 있고 매력적인 스토리로 서포터분들의 마음을 움직여 볼까요?
ⓘ 스토리 필수 항목을 누락할 경우 오픈이 지연될 수 있으며, 제3자의 지식 재산권을 침해할 경우 프로젝트가 중단/취소될 수 있으니 유의해 주세요.

링크는 이렇게 넣습니다.

URL
텍스트
링크는 이렇게 넣습니다.

삽입

링크 삽입 아이콘

링크는 사진 또는 글자에 삽입할 수 있습니다. 링크를 넣고자 하는 글자를 입력한 후, 해당 글자를 드래그하고 ❶[링크 삽입] 아이콘을 클릭하면 연결 링크(URL)를 입력할 수 있습니다.

꿀TIP ★★★

사진과 글자에 링크를 넣은 후에는 임시 저장을 한 후, [페이지 미리보기]를 눌러 설정한 링크가 바르게 연결되어 있는지 확인합니다. 사진과 글을 수정하거나 이동하는 과정에서 링크가 제거될 수 있습니다. 펀딩 스토리를 모두 작성한 후, 와디즈 심사를 위해 제출하기 직전에 반드시 확인해야 합니다.
(ex. 사진의 위치 이동을 위해 복사나 붙여넣기를 한 경우 링크가 제거될 수 있음)

② 사진 삽입

사진 삽입하기

사진은 가로 최대 1600픽셀의 이미지가 선명하게 보이며, 용량이 큰 경우 삽입되지 않습니다. (1장당 4MB 이하) 사진을 삽입할 때는 ❷ 를 클릭하거나, 사진을 마우스 드래그로 끌어다 원하는 위치에 놓으면 바로 첨부됩니다. 삽입한 이미지를 재정렬하거나 링크 연결을 하고 싶을 때는 해당 이미지를 선택한 후 오른쪽 마우스를 클릭하면 활성화 버튼이 나타납니다.

③ 영상 삽입

알아가기

영상 링크(URL)를 입력한 후에는 해당 영상과 연결에 문제가 없는지, 원하는 영상이 맞게 연결되었는지 등을 제출 전 미리보기로 반드시 확인해야 합니다.

동영상 링크 삽입하기

영상은 링크(URL)로만 넣을 수 있습니다. 유튜브에 영상을 올린 후 링크를 펀딩 페이지에 삽입하면 유튜브 영상 조회수 상승 효과도 나타납니다. (영상 파일로는 첨부 불가)

❸의 동영상 아이콘을 클릭 후, 링크(URL) 입력란에 연결 주소를 입력하면 시각적인 효과를 더할 수 있습니다. 또한 해당 영상을 클릭하면 새 창이나 다른 페이지로 넘어가지 않고, 해당 페이지에서 바로 재생되어 보는 사람도 편리합니다. 반면 동영상 링크 주소만을 넣게 되면 클릭해서 볼 확률이 낮아지고, 링크를 클릭하면 유튜브 등의 동영상 페이지로 연결되어 펀딩 페이지를 보는 이의 입장에서 다소 불편하게 느껴질 수 있습니다.

④ 표 삽입

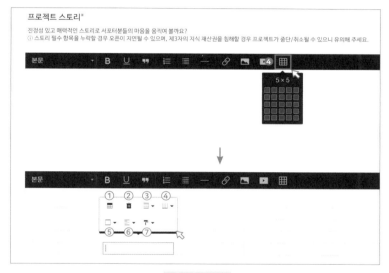

표 삽입하기

알아가기

표를 삽입한 후, 다시 표를 클릭하면 화살표가 가리키는 박스처럼 '표 에디터' 활성화 버튼이 생깁니다.

① 표헤더: 표 상단에 짙은 회색으로 제목 입력칸 생성
② 표 지우기
③ 행 추가 및 지우기
④ 열 추가 및 지우기
⑤ 셀 합치기
⑥ 표 글자 정렬
⑦ 표헤더 효과 및 글자 굵기

❹의 표 아이콘을 클릭한 후, 원하는 크기로 표를 삽입합니다. 처음에는 최대 5열×5행까지 생성되지만, 작성하면서 [Tab] 키나 [안내] 탭을 사용하여 행과 열을 늘릴 수 있습니다.

CHAPTER 05

스토리 본문 작성하기

와디즈 리워드 펀딩 필수 공통 전략

■ 스토리 본문에 작성해야 하는 필수 내용

프로젝트 스토리 작성 칸에 어떤 내용이 들어가야 하는지가 명시되어 있습니다. 기재되어 있는 순서와 상관없이 필수 항목은 모두 담으면서, 프로젝트가 돋보일 수 있도록 내용을 작성합니다. 기본적으로 작성되어 있던 내용은 지우지 않고 엔터를 클릭해서 글을 아래쪽에 내려놓은 후, 마지막에 해당 내용을 모두 작성했는지 확인하고 마지막에 정리합니다.

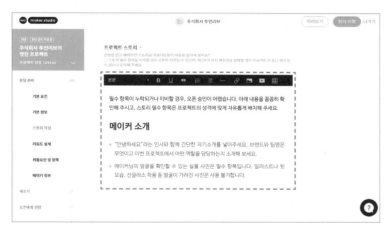

알아가기

스토리 본문 작성 필수 항목

① 리워드 핵심 포인트 및 소개

② 메이커 소개

③ 와디즈 펀딩 이유

④ 리워드 리스트

⑤ 리워드 발송 정보

펀딩 스토리 작성하기	펀딩 스토리 작성 전략
섬네일(대표 이미지+글)	섬네일(대표 이미지+글)
상단 프로젝트 요약(이미지+글)	상단 프로젝트 요약(이미지+글)
메이커 소개	도입부 후킹
프로젝트 진행 동기 및 목적	펀딩 프로젝트 개설 이유 및 프로젝트 소개
리워드 소개와 상세 정보	리워드 상세 소개 및 설명
리워드 리스트	리워드 구성
프로젝트 일정	메이커 소개 및 펀딩금 사용 계획
FAQ	프로젝트 일정
	배송 안내
	FAQ

꿀TIP

기능 중심 리워드

프로젝트 소개를 먼저 하여 제품의 기능을 중점 어필합니다.

가치 중심 리워드

프로젝트 개설 이유를 앞부분에 작성하여 제품의 소셜 가치, 공감할 만한 점을 중점 어필합니다.

도입부 후킹 작성 방법과 예시

BEHIND

바다아트키트 펀딩 페이지의 도입부 첫 사진을 레진아트로 만든 바다 테이블 사진과, 파도를 연출하는 작업 영상을 올려서 '테이블에도 이렇게 아름다운 바다를 담을 수 있구나!' 하는 포인트를 돋보이게 하지 못했던 것이 아쉬움으로 남았습니다.

봉구아트의 바다 테이블 사진

■ 도입부 후킹 작성 방법

펀딩 페이지를 클릭한 서포터들이 대표 이미지 사진과 한 줄 소개글을 보고, 뒤로 가기 버튼을 누르는 것이 아닌 스크롤을 더 내려보고 싶도록 어필합니다. 상단 프로젝트 요약과 일맥상통하는 글과 이미지로 시작하면 좋습니다.

도입부 후킹 전략
스토리를 계속해서 읽고 싶도록 호기심 유발하기
공감대 형성하기
사실 그대로를 강조하기

■ 도입부 후킹 작성 예시

① 바다아트키트: 사회적 상황에 공감하는 마음

> 바라만 보아도 속이 시원해지는 바다,
> **하나뿐인 나만의 바다를 담아보세요.**

'코로나19로 자유롭게 다니지 못하는 답답한 우리들의 마음을 담아 만들었습니다. 취미키트에 나만의 바다를 담아 보세요'라는 뜻을 함축하여 표현했습니다.

> [어느 공간에서나 가능 + 바다아트키트 + 1시간]
> 당신에게 작은 일탈을 선물합니다.

'바다아트키트만 있으면 어디서든 쉽게 짧은 시간 안에 나만의 바다를 그려낼 수 있습니다. 플루이드 아트(레진아트)로 당신에게 작은 일탈을 선물합니다'라는 내용으로 서포터에게 어떤 가치를 전달하고 싶은지를 작성했습니다.

② 단맛 나는 무가당 소스: 호기심 유발, 다이어트하는 이들과 공감대 형성

BEHIND

단맛 나는 무가당 소스의 개발과 기획은 모두 마쳤지만 짧은 유통기한과 냉장보관, 냉장배송 등의 문제로 세상에 나오지는 못했습니다.

다이어터라면 누구나 공감하는 문구를 도입부에 넣었습니다. '음식을 좋아하는 사람에게 더더욱 힘든 다이어트. 샐러드를 맛있게 먹으면서 체중 조절도 할 수는 없을까 하는 생각에서 지방 흡수를 돕고 혈당을 높이는 당부터 제거하자는 아이디어로 탄생한, 세상 모든 다이어터를 위한 단맛 나는 무가당 샐러드 소스입니다'라는 내용을 넣었습니다.

③ 손소독제: 사실 그대로 강조하기(방향이 어긋난 도입부 후킹 예시)

BEHIND

'사실'을 그대로 강조하는 전략을 사용할 때는, 그만큼 돋보이는 강점이 있는 리워드에 적용하면 좋습니다. 뷰티 프로젝트 중, '눈에 띄는 모공 개선!'을 콘셉트로 사용 전후 사진을 먼저 보여주는 '토마토 앰플' 와디즈 프로젝트나 '휴대용 레이저 각인기' 프로젝트를 참고하면 좋습니다.

'미국·유럽 제품 디자인 그대로, 우리말 이름을 붙여 해외 수출 준비 및 FDA 허가 완료! 대한민국을 대표하는 손소독제로 만들겠습니다!'라는 당찬 도입부는 서포터에게 공감이나 제품에 대한 필요성을 불러일으키기는커녕, '그렇다면 해외 플랫폼에서 펀딩해야 하지 않을까'라는 생각이 먼저 떠오르게 했다는 문제점이 있었습니다. 또한 이왕 만드는 거 태극마크를 넣어 수출하자는 콘셉트를 잡으면서 펀딩 페이지 도입부와 대표 이미지에 그런 욕심이 드러났던 것 같습니다. 처음 기획대로 기존 손소독제의 단점을 개선한 제품임을 강조했으면 더 좋지 않았을까 생각합니다.

나 혼자 디자인, 미리캔버스

꿀TIP 항아리

■ 미리캔버스에서 나 혼자 디자인하기

미리캔버스(miricanvas.com)에 접속한 후, 템플릿 검색에 '리워드'를 검색하면 펀딩 페이지에 어울리는 템플릿을 볼 수 있습니다. 템플릿은 제품 소개 및 리워드 구성에 활용하기 편리합니다. '리워드' 키워드 이외에도, 표현하고자 하는 색상 또는 모양 등을 검색하면 다양한 디자인을 쉽게 활용할 수 있습니다.

① 템플릿 작업하기

미리캔버스의 [바로 시작하기]에 들어간 후, 템플릿에서 ❶ [모든 템플릿]을 클릭하면 펀딩 페이지 템플릿뿐만 아니라 프레젠테이션, 유튜브·팟빵, 상세 페이지 등에 활용할 수 있는 디자인을 접할 수 있습니다. ❷번을 클릭하면 템플릿 크기를 수정할 수 있습니다.

② 템플릿 찾기

 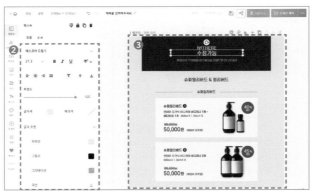

❶ 검색창에 '리워드'를 입력한 후, 원하는 스타일의 템플릿을 클릭하면 ❷처럼 캔버스에 이동합니다. 수정하고 싶은 문구, 사진(그림), 도형을 클릭하면 ❸의 박스에서 원하는 내용으로 변경할 수 있습니다.

③ 템플릿 선정하기

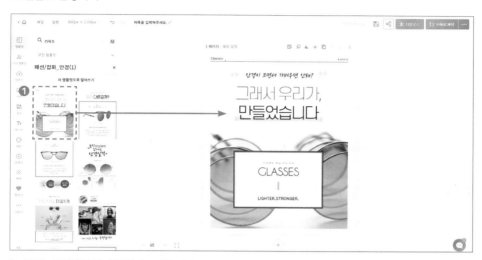

> 원하는 템플릿(❶)을 클릭하면 오른쪽 캔버스에 템플릿이 적용됩니다. 캔버스에서 문구, 그림, 표 등 입력되어 있는 부분을 클릭하
> 면 해당 부분을 수정할 수 있습니다.

④ 원하는 사진으로 바꾸기 및 사진 삽입하기

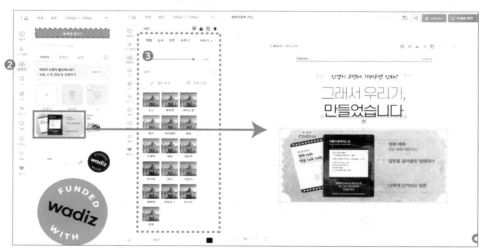

> 기존 템플릿 사진을 지우고 원하는 이미지를 넣기 위해 ❷ [업로드]를 클릭한 후, [내 파일 업로드]를 클릭합니다. 업로드된 이미지
> 를 클릭하면 오른쪽 캔버스에 삽입됩니다. 다시 삽입한 이미지를 클릭하면 ❸번의 박스에서 투명도 및 필터 효과를 줄 수 있습니다.

⑤ 글자 삽입하기

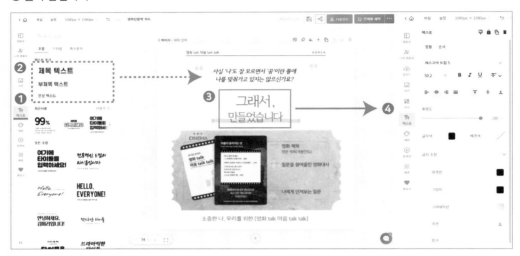

❶ [텍스트]를 클릭한 후 ❷번 박스 내용 중 원하는 형식의 텍스트를 클릭하면 글자를 입력할 수 있는 공간이 생깁니다. 텍스트를 입력한 후 ❸번처럼 작성한 텍스트를 클릭하면 글씨체, 굵기, 정렬 등을 조절할 수 있는 ❹번 창이 열립니다.

⑥ 크라우드 펀딩 외 디자인 활용하기

카드뉴스와 같은 크라우드 펀딩용 외의 디자인을 만들어 활용할 수 있습니다. ❸번 카드뉴스 템플릿에서 마음에 드는 분위기의 템플릿을 선택한 후, 사용할 내용을 제외하고 지운 다음 ❶ [요소], ❷ [배경] 탭을 활용하고 필요한 사진을 업로드해 완성했습니다.

■ 미리캔버스를 활용하여 만든 카드뉴스 디자인(예시)

영화 인문학 카드(영화카드)

▎ 1125% 달성 기념 감사 인사

바다아트키트

▎ 오픈예정 서비스의 알림신청 혜택 안내

말리꽃향 담은 손소독제

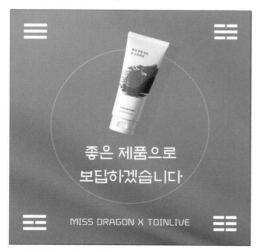

▎ 리워드 배송 전 감사 인사

투인리브 인스타그램

▎ 홈페이지 새소식 업데이트

리워드를 통해 어떤 가치를 줄 것인가?

꿀TIP

프로젝트 개설 이유 작성 전략 키워드

1) 공감
다음과 같은 공감을 불러일으키는 내용을 작성합니다.
"이거 딱 나에게 필요했어."
"맞아, 이게 불편했어."

2) 진정성
리워드가 꼭 필요하지 않아도, 메이커를 응원하고 싶은 스토리를 담은 진정성 있는 리워드라는 점을 강조합니다.

■ 프로젝트 개설 이유를 작성하는 방법

도입부 후킹에 이어지는 '프로젝트 개설 이유'를 작성할 때는 리워드가 서포터에게 어떤 가치를 줄 수 있는지를 구체적으로 기재합니다.

프로젝트 개설 이유의 작성 전략
메이커가 펀딩하는 제품 또는 서비스를 만든 이유
제품 또는 서비스의 본질과 서포터에게 전달할 가치

■ 프로젝트 개설 이유 작성 예시(1): 바다아트키트

① 취미키트를 통해 반복되는 일상에서 벗어나 편안함, 즐거움, 작은 행복을 느낄 수 있습니다.

꿀TIP

모두의 상황이 다르기 때문에 같은 공감을 이끌어내기는 어렵습니다. 자신의 리워드가 서포터에게 어떤 가치를 충족시켜줄 수 있는지를 찾아서 어필해야 합니다.

1) 자신 있는 리워드의 강점
2) 설명하지 않으면 모르고 지나갈 수 있는 강점
3) 메이커는 발견하지 못한, 제3자 시점에서 말하는 리워드의 장점

바다를 담은, 아티스트의 의미 있는 노트

바다는 외부의 힘에 의해 파도가 형성되고 변화된다는 점이, 마치 현대인의 일상과 비슷하게 느껴져 작품에 바다를 담았습니다. '현대'라는 개념이 주는 의미가 인간들에게 다변화된 사회의 구조적 환경에 대한 적응을 요구하고 있으며, 현대인들은 인위적인 환경 속에서 정신적으로 스스로를 순화할 기회를 부여받지 못하고 있다는 위기감을 반영하고, 그 점을 해소시키고자 만들었습니다. 바다의 일반적인 이미지는 보는 이로 하여금 끝없이 펼쳐진 광대한 수평선 안에 끊임없이 밀려오고 내려가는 파도를 떠올리게 합니다. 갑갑한 도심 속에서 일상적 순환의 틀 안에서 살아가는 현대인들에게 바다는 바라보는 것만으로도 동경의 대상일 수 있습니다. 자연과 조화된 자신을 느끼듯 바다를 이미지화하여 서포터들에게 일상의 억압에서 벗어나 편안함과 즐거움을, 아트 키트를 통해 '작은 행복'을 드리고자 합니다.

플루이드 아트 (레진아트)를 처음 접하는 서포터들이 바다아트키트를 통해 쉽게 즐길 수 있으며, 일탈에서 오는 작은 행복을 느낄 수 있도록 작품에 대한 자긍심을 글로 표현했습니다.

■ 프로젝트 개설 이유 작성 예시(2): 영화 인문학 카드

① 이 세상에 존재하는 모두 다른 '나'를 위한 인문학

인문학은 인간의 가치를 두르는 학문이고, 서로를 이해하기 위한 학문입니다. 그러나 학문적으로 접근하기엔 그 내용이 깊고 어려운 만큼, 많은 사람들이 즐겨보는 '영화'를 통해 쉽게 접할 수 있습니다.

② 누구나 접근할 수 있는 '영화' 콘텐츠

누군가의 삶 전체를 담아내고 다양한 캐릭터가 등장하는 한 편의 영화를 보면서, 각자 다른 '나'를 가진 인간의 모습을 볼 수 있습니다. 2시간이라는 비교적 짧은 시간 동안 내면에 대해 깊게 생각하고 함께 마음을 이야기할 수 있었습니다.

③ 소통을 위한 연결고리, 영화 인문학 카드(교재이자 교구, 소통의 도구)

안녕하세요 윤지원 코치입니다~!

(카드 만들기 전, 메모지에 질문을 적어 이야기 나누는 모습입니다:-)

윤 코치의 코칭 과정 중, 영화 장면에서 건져 올린 질문을 통해 떠오르는 생각과 마음 나누는 과정을 카드에 담았습니다.

많은 후기 중, 리워드와 가장 연
관되는 강의 후기에서 선정하여
올렸습니다.

**펀딩 페이지에 담은 4가지 강의
주제**

① 소통능력 강화를 위한 영화
인문학

② 영화로 보는 노인 인권

③ 내가 누구인지 믿는다는 것

④ 윤지원 코치와 함께하는 내
면 여행

꿀TIP

타깃 서포터 분석

이 프로젝트에 펀딩할 서포터들
이 구체적으로 누구인지 분석하
면 그에 맞는 문구를 쓸 수 있습
니다.

예를 들어 '바다아트키트는 코
로나로 인해 지루한 일상을 보
내고 있는 모두를 위해 준비했
습니다'라는 문구보다 조금 더
구체적으로 공략해야 합니다.

ex) 어린이집과 키즈카페에 가
지 못해 답답한 아이, 그로 인해
나만의 시간을 잃어버린 엄마.
그런 답답한 일상에서 탈피하여
아이와 엄마가 모두 만족할 수
있는 '바다아트키트'입니다.

④ 윤지원 코치의 영화 인문학 강의 후기

윤지원 코치의 강의를 바탕으로 만든 리워드를 통해 어떤 효과를 기대할 수 있
을지 짐작할 수 있도록 영화 인문학 강의 후기를 올렸습니다.

#4 주제 : 윤치원 코치와 함께하는 내면여행

주최 : KAIST 차세대 IP영재기업인교육원_한국발명진흥회 ㅣ 주관 : 윤지원코칭아카데미

"

내 삶의 순간순간에 의미를 찾는 법을 배웠다.
마음을 꽉 채우는 것 같아 좋았다.
나의 내면을 다시 돌아볼 수 있는 시간이었다.

바쁜 일상 속에서 살아가면서
나는 무엇을 잊고 살고 있는지
내가 느끼는 감정 하나하나를 왜 느껴지는지
깊게 알아보는 시간이었다.

모든 답변을 다 하지는 못했지만
이런 질문들에 대한 답을 찾는 것이
인생의 중요한 과제가 아닐까 생각이 듭니다.

좋은 수업 해주셔서 정말 감사합니다~!

[출처] 윤지원코칭아카데미–참가자 후기게시판(blog)

"

'윤지원 코치와 함께하는 내면여행'이라는 주제로 영화 인문학을 나눈 후기글입니다. '영화
속 장면에서 건져 올린 질문'으로 평소 생각해보지 않았던 나를 생각하는 시간이 주어집니
다. 이 시간을 통해 참가자들은 삶의 순간순간에 의미를 찾는 법을 배웠다고 해주었습니다.
모든 질문에 바로 답하지는 못했지만, 이런 질문들에 대한 답을 찾는 것이 인생의 중요한 과
제라고 말씀해주신 후기 등, 영화를 주제로 했던 인문학 강의 후기를 정리해서 담았습니다.

■ 프로젝트 개설 이유 작성 예시(3): 메뉴개발카드

① 도입부에 넣은 리워드를 개발한 이유

> ### | 메뉴개발 카드를 만들게 된 이유
>
> 사실, 저희가 필요해서 만들었습니다. 메뉴 개발 이론 지식을 바탕으로 외식업에서 많은 경
> 험과 벤치마킹을 통해 활용할 수 있는 데이터는 많지만, 그것을 우리만의 메뉴로 개발하기
> 위한 새로운 아이디어 발상 방법이 필요했습니다.

도입부에 이 리워드가 탄생한 이유를 짧게 적고, 이어서 어떤 상황에 이 카드가 필요한지,
누구에게 필요한지를 풀었습니다.

② 리워드가 필요한 상황별 예시

> * 요리조리 메뉴 개발카드가 필요한 상황별 예시
>
> [상황 1# 조리학과 학생시점]
>
> 일. 메뉴개발이란 과제가 주어졌다.
> 이. 메뉴개발에 대한 이론관련 책을 편다.
> 삼. 흠 분명 좋은 책이고 다 필요한 내용이긴 한데 당장 과제에 적합하지 않아 접는다.
> 사. 자 얼른 좋은 아이디어 내봐
>
> > 좋은 책을 보고, 좋은 교육을 받고, 지식이 풍부해도
> > 그 데이터와 나의 지식을 제대로 활용하지 못한다면 그것은 무용지물 데이터입니다.
>
> [상황 2# 메뉴개발현역 시점]
>
> 일. 메뉴개발을 해야하는데 새로운 아이디어 발상이 되지 않음 (고갈형)
> 이. 옛날에 이게 인기 많았으니까 이번에 재출시 해보자 (라떼형)
> 삼. 지난번 생각해 놓은 것이 있었는데...못찾겠어ㅠㅠ (과부화형)
> 사. 이제 뭐가 더 새로운 것이 있을까..? 새로운 일자리를 찾아볼까..? (...)
>
> > 외식업을 운영하며 또는 근무하면서 겪었던 경험들, 변화하는 트렌드를
> > 보면서 우리 메뉴에 적용하지 못한다면, 이것 역시 잠들어가는 데이터일뿐

리워드가 어떤 상황에 필요한지 그 예시를 넣었습니다. 메뉴개발카드는 조리학과 학생이나
외식업에 근무하는 사람, 메뉴를 개발하는 셰프, 메뉴개발자 등이 사용 가능하며, 조금 더
폭을 넓히면 메뉴 개발을 강의하는 교수나 학교에서 사용 가능한, 타깃이 매우 한정된 리워
드입니다. 메뉴를 개발하고 공부하는 사람의 입장에서 공감할 수 있는 예시를 적었습니다.

BEHIND

서포터의 관점에서 생각하기

이미 많은 음식이 존재해도 새
로운 음식은 계속 개발되어 세
상에 나옵니다. 이렇게 신메뉴
를 개발하는 이들, 대중음식 외
에 헬스푸드(단백바) 등을 더
맛있게 먹을 수 있는 방법을 개
발 중인 이들이 더 효과적으로
메뉴 개발을 할 수 있도록 도와
주고자 생각해낸 것이 '메뉴개
발카드'입니다.

세상에 없던 메뉴 개발 도구. 이
는 생소한 만큼, 누구나 알 수 있
는 예시들로 구체적인 설명을
넣어주면 좋았겠다는 아쉬움이
남았습니다.

프로젝트 리워드 소개 및 상세 설명

BEHIND
키트를 통해 어떤 작품을 만들 수 있는지 완성품 사진을 먼저 올린 후, 만드는 과정을 담았습니다. 스토리를 작성할 때는 글의 앞뒤가 자연스럽게 연결될 수 있도록 작성해야 합니다.

ex) 키트를 완성한 모습입니다. 얼마나 쉽게 만들 수 있는지, 지금부터 집중!

■ 리워드 소개 & 상세 설명

어떤 제품인지 소개할 때는 리워드에 따라 다른 사이즈, 유통기한, 재질, 용도, 활용 예시 등 최대한 다양한 관점에서 다뤄야 합니다. 예시로 바다아트키트, 영화 인문학 카드, 매뉴개발카드(요리조리카드)의 각 펀딩 페이지에 리워드 소개 및 상세 설명을 어떻게 작성했는지, 어떤 의도로 해당 문구를 넣었는지 살펴보겠습니다.

프로젝트 소개 및 상세 설명 작성 전략

구체성: 제품에 대한 구체적 소개는 '소비자' 관점에서 하기

가독성: 핵심을 중점으로 가독성 있는 두괄식 구성하기

꿀TIP
앞에서 타깃 서포터에게 어떤 가치를 줄 것인지 결정했다면, 그것을 어떻게 표현할지도 계획합니다.

ex) 어떤 사진과 영상을 찍을 것인가?
1) 초보자가 완성한 작품 사진
2) 어떻게 만드는지 영상으로 전체 과정 촬영하기 등

이때 페이지 스토리의 콘셉트 방향과 사진이 일맥상통할 수 있도록 해야 하며, 글에 매치되는 사진이 없어 재촬영하는 사태를 방지하기 위해 어떤 장면을 연출할지 미리 계획한 후 촬영합니다.

■ 리워드 소개 및 상세설명 예시(1): 바다아트키트

① 완성한 키트 모습 먼저 보여주기

예쁘게 완성한 작품을 먼저 보여줘서 호기심을 유발해 직접 만들고 갖고 싶어지도록 유도했습니다. '이렇게 당신의 일상에 작은 행복이 늘 녹아 있기를'이라는 문구와 함께 귀여운 소품을 배치했습니다.

이렇게 당신의 일상에
작은행복이 늘 녹아있기를, ♥

② 키트 구성 소개 및 만드는 방법 움짤 컷

알아가기

움짤 생성 프로그램

GifCam(gifcam.softonic. kr)은 윈도우에서 사용 가능한 GIF(움짤) 생성 프로그램입니다.

만원의 행복, 바다아트키트

실제 바다아트키트 혼자하기 영상 (with 설명서)

❶ 키트에 있는 비닐을 말고, 투명용액(레진) 2종류를 큰 종이컵에 담습니다.

❷ 나무막대로 골고루 섞어줍니다.

❸ 섞은 투명용액(레진)은 색소 혼합을 위해 소분합니다.

❹ 스포이드에 담긴 색소를 소분한 용액에 넣어줍니다.

❺ 색상별 각각 다른 나무막대를 사용하여 골고루 혼합합니다.

❻ 색소를 섞은 용액 그대로 30분간 방치해둡니다.

❼ 바다를 표현할 용액물 먼저 고루 도포한 후,

❽ 밝은 파랑을 그 다음에 얹었습니다. (순서 및 구도 자유)

❾ 마지막에 흰색으로 라인을 그려줍니다.

❿ 드라이기는 가장 약한 더운바람으로 잔잔한 물결을 표현해줍니다.

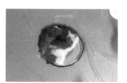

24시간 동안 완전히 굳혀줍니다! (기대기대)

BEHIND

휴대폰 거치대를 활용하여 전체 과정을 한 번에 촬영한 후, 별도의 영상 편집 없이 GifCam 캡처를 활용하여 만드는 과정을 이해하기 쉽게 넣었습니다.

실제 키트가 어떻게 구성되어 있는지 필요한 부분만 편집해 GIF(움짤)로 만들었습니다. 받은 키트로 작품을 만드는 과정을 동영상으로 한 번에 촬영한 후, GifCam으로 편집했습니다. 업로드할 때는 사진과 동일하게 GIF(움짤) 파일을 드래그해서 올리는데, 업로드 중 오류가 발생한다면 이미지 크기를 줄이거나 움짤 캡처 길이를 더 짧게 해서 용량을 조절(4MB 이하)합니다.

BEHIND

봉구아트 펀딩 페이지

③ 단시간에 누구나 쉽게 할 수 있다는 점에 포커스

다른 하나는 완전 똥손 남편이 ㅋㅋ
(라고 고객님께서 친절히 알려줘 주셨습니다...)

잘 표현이 안된 부분은 이렇게

완전히 굳으면 이렇게 자연스러운 바다느낌 연출!

일명 '똥손'들도 쉽게 할 수 있다는 점을 강조하기 위해, 실제 똥손을 가진 사람의 작업 과정
과 완성한 작품 모습을 올렸습니다.

④ 작업 시 주의 사항 안내

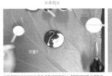

다음 과정인 드라이어로 물결 표현 작업에 앞서, 주변의 가벼운 것구들은
반드시 정리하고 작업해 주셔야 날아가는 참사를 막을 수 있습니다(^.^)

레진아트에서는 물결 표현 시 드라
이어를 사용하는데, 이때 그대로 작
업하면 주변 재료들이 날아가고 바
닥에 레진이 튀는 등의 불상사가 발
생할 수 있음을 재차 안내했습니다.

⑤ 완성도를 더 높이는 방법 안내

용액을 부은 위에 라이터(핸들용 라이터 모항) 또는
미니토치를 사용해서 살짝 그을리면

손으로 가리킨 부분처럼 기포도 표현 가능합니다.

라이터 또는 미니토치로 레진 표면
의 기포를 터트리는 고급 기술을 더
하면 진짜 파도 같은 표현을 할 수 있
습니다. 불을 직접 사용하므로 위험
할 수 있으니 주의해야 한다는 점을
안내했습니다.

⑥ 실제 고객 후기 전체 영상 소개

생동감 있게 만드는 모습이 전달될
수 있도록 실제 고객 후기 영상을 업
로드했으며, 영상을 와디즈 메인 이
미지에 게시했을 때 유튜브 조회수도
올라가는 효과가 있었습니다.

⑦ 완성 작품 활용 예시

디퓨저 받침

액세서리 플레이트

티코스터

미니어처 소품 장식

일상 속에 녹아 있는 작품 활용 예시를 다양하게 보여줘서 펀딩 욕구를 자극합니다. 만들 때도 즐겁지만 예쁜 인테리어 소품으로 활용할 수도 있음을 알리고자 했습니다.

효과적인 리워드 소개

1) 어떠한 불편함을 해소해주는지 나타내기

※ 영화 인문학 카드 소개 예시: 서로 만나지 않아도 이 카드를 통해 소통합니다.

※ 손소독제 소개 예시: 건조한 두 손에 소독과 보습이 동시에 가능합니다. (이때 수치로 설명하면 더 좋습니다.)

2) 특징을 구체적으로 보여주고 설명하기

※ 손소독제 소개 예시: 은은한 말리꽃 향기가 손에 머무르는 손소독제입니다.

■ 리워드 소개 및 상세 설명 예시(2): 영화 인문학 카드

① 메인 카드 소개하기

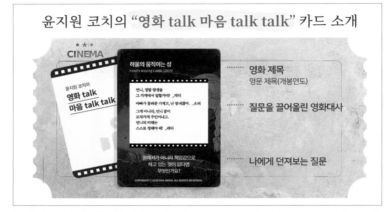

우리 일상에 밀접한 영화 속 장면·대사를 통해 나의 마음은 어떠한지 들여다볼 수 있는 질문이 적힌 카드입니다. 꼭 영화를 보지 않아도 질문을 충분히 이해할 수 있도록 대사와 영화 장면 일부를 카드에 담았는데, 이 사실을 이미지로 알기 쉽게 소개했습니다.

② 카드 구성 소개하기

카드구성 ; Part 1

카드소개 1장
저자소개 1장
사용설명서 1장

카드구성 ; Part 2

감정 단어 리스트 1장
연상 단어 리스트 1장
추천 영화 리스트 1장

카드 구성은 총 다섯 파트로 나누어 소개했습니다. 어느 한 장도 의미 없이 들어간 카드가 없다는 것을 강조하고자 세분화하여 설명했고, 어떤 의도로 해당 카드를 만들었는지도 함께 소개했습니다.

카드구성 ; Part 3

└----- 영화 장면 속
질문카드 50장

카드구성 ; Part 4

노트 카드 3장 ------→

아쉬운 점과 개선 방향

나의 마음을 비춰준다는 것이
어떤 의미인지, 질문 카드 몇 가
지와 그에 대한 답의 예시를 본
문에 담았으면 좋았겠다는 아쉬
움이 있습니다. 다음번에는 첫
번째 펀딩 후기, 서포터들의 답
변 내용, 그리고 그 답변들이 마
음을 어떻게 비추었는지 자세한
설명을 담아 펀딩을 진행해보고
자 합니다.

카드구성 ; Part 5

└----- 룰(Rule)카드 3장
•---- 비밀약속카드 1장

영화 인문학 카드는 총 5편의 영
화, 영화 1편당 5개의 질문을 건
져 올린 카드들로 구성되어 있습
니다. 영화를 보지 않아도 카드를
활용할 수 있으며 나의 마음과 생
각은 어떠한지 알 수 있습니다.

③ 카드 활용 방법

영화인문학 펀딩 페이지

카드활용방법

■ 카드 사용 전! 이것 먼저 지켜주세요.

-우선 룰(Rule) 카드 3장을 가운데에 펼쳐 놓고 시작해 주세요(!)
혼자 적어볼 때는 내가 느끼는 감정을 편하게 꺼내어 볼 수 있도록, 내가 나의 감
정을 평가하지 않도록 합니다.

다른 사람들과 함께 이야기를 나눌 때, 어떤 감정을 드러내더라도 존중하는 태도,
이야기가 끝나지 않았는데 중간에 끼어들지 않도록, 서로의 마음을 평가하지 않도
록! 룰(Rule) 카드는 대화 도중 나도 모르게 규칙을 망각할 수 있으므로 항상 펼쳐
놓고 진행합니다!

 ■ 방법 하나,
- 하루에 한 장씩 뽑아서 일기 쓰듯 질문에 답하며, 노트에 나의 마음을 담은 글을 써봅니다.

메이커의 카드 제작 의도를 100% 담아, 한
방법으로만 사용하지 않도록 다양한 활용법
을 안내해주었습니다.

- 회사, 가정, 학교, 교회 등 공동체에서 '하루에 질문 하나, 50일 매일 글쓰기 프로젝트'를 진행합니다.

■ 방법 셋,
- 친밀해지고 싶은 가족, 예비 가족, 친구가 무작위로 카드 한 장을 뽑아 질문에 서로 답하며 대화를 나눕니다.

■ 방법 넷,
- 리스트 중 영화 하나를 선정해서 같이 보고 해당 영화 질문 카드(5장)로 대화를 나눕니다.

■ 방법 다섯,
- 진행자(리더, 교사, 부모)가 미리 뽑아 놓은 영화 질문 카드로 서로 대화를 나눕니다.

④ 실제 영화 인문학 카드로 대화를 나누는 모습

펀딩 페이지에 스토리를 작성할 때는 실제 제품처럼 보이는 사진이 있어야 합니다(시제품 테스트 증거). 당시 인쇄 제작이 진행되지 않은 시점이라 포토 용지에 샘플을 출력하여 촬영했습니다.

■ 리워드 소개 및 상세 설명 예시(3): 메뉴개발카드

① 메뉴개발카드의 로고 의미와 탄생 원리 소개

| 이름부터 비상한 요리조리 메뉴개발 카드

이름을 본 순간 첫 느낌,

우리의 소중한 한글을 어지럽혔다고 생각하셨나요? 아니면 신조어라고 생각하셨나요?

어떻게 생각하는지는 바라보는 시각, 관점, 관념의 차이입니다.

[평범한 / 틀에 갇힌 / 형식적인] 사고에서 벗어난, **창의적 사고를** 표현하고자, 요리조리 살펴보게 되는 저희만의 **새로운 단어를 창조** 하였습니다.

| 요리조리 메뉴개발카드의 탄생 원리

창의적 발상도구 프로그램인 씽크와이즈와
창의적 문제해결이론(트리즈)의 40가지 발명원리를 활용하여
외식전문기업 마실의 **요리조리 메뉴개발카드**가 탄생하였습니다.

'요리조리 살펴보게 되는 독특함'이란 표현으로 메뉴개발카드의 이름을 설명했습니다. 요리조리 메뉴개발카드는 창의적 사고와 관련된 씽크와이즈와 트리즈라는 두 가지 도구가 메뉴개발 외식전문기업과 만나 개발되었음을 나타냅니다.

② 창의적 사고를 돕는 메뉴개발 카드로 자기계발도 가능함을 어필

| [메뉴개발 X 자기계발] 이 가능한 카드

1. 메뉴를 다양한 방향에서 접근

카드를 통해, 평소에 생각지도 못한 또는 놓치고 있던 시각과 관점에서 메뉴를 바라보게 되면서, 창의적인 메뉴 개발을 하는 데 도움을 줍니다.

2. 내 두뇌는 잠들어 있던 거였어

처음에는 막연하고 아이디어가 떠오르지 않았는데, 일단 말도 안 되는 것이라도 막상 다 적어놓고 보니 새로운 건 이렇게 탄생하는가 싶고 나의 뇌는 왜 이제야 깨어나는지 싶지만 나의 두뇌가 자랑스러워집니다. (개개인마다 이런 느낌이 오는 시점이 다를 수 있음)

3. 내 머릿속 지우개 제거

생각나지 않았던 무언가가 떠오르도록 뇌를 자극하는 데 도움을 주며, 그것이 또 다른 연상의 연결고리가 됩니다. (일단 해보면 이 설명의 이해가 빠름)

4. 강제 연결로 창의력 강제소환

메뉴 개발 아이디어 발상을 요.알.못CEO도 할 수 있는 이유는, 요리를 개발하기 위한 아이디어는 단순히 음식을 만드는 과정에서만 나오는 것이 아니기 때문입니다. 지목된 두 가지(이상)를 엮어 무엇이든 되게 하라! 우리는 대부분, 재료든지 비용이든 한정된 자원 속에서 개발하게 되는 만큼 던져진 주사위 안에서 무엇이든 만들어지게 됩니다.

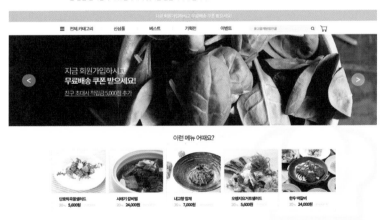

세상에는 이미 맛있는 음식이 많지만 사람들의 욕구는 계속 변화하고, 식사 형태(매장, 배달, 밀키트, 건강기능식품 등)도 달라지는 만큼 다양한 욕구를 만족시키는 메뉴 아이디어가 계속 필요함을 나타내며, 잠들어 있던 두뇌의 창의력을 깨우는 도구임을 강조합니다.

③ 메뉴개발카드의 구성 소개

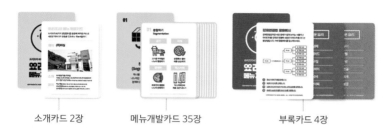

소개카드 2장　　　　메뉴개발카드 35장　　　　부록카드 4장

리워드가 어떤 구성과 어떤 내용으로 이루어져 있는지, 사용 분량(횟수 등)은 어떤지 구체적일수록 좋습니다.

꿀TIP

가성비 구성

가성비 있는 리워드로 느껴지도록 구체적인 예를 들어 설명합니다.

예를 들어 화장품의 경우, '총 90회 사용량으로 3달 동안 사용 가능하며, 한 번 사용할 때마다 200원으로 2,000원 상당의 마스크팩과 같은 개선 효과를 누릴 수 있습니다'를 시각화하여 표현하면 더 효과적입니다.

④ 메뉴개발카드 사용설명서

1　　　　　　　　　　요리조리 메뉴개발카드 사용설명서

요리조리 메뉴개발 카드는,

**누구나 이해하여
응용 가능하도록**

한식, 양식, 중식, 일식, 제과·제빵 등
각 분야별 전문용어를 최대한 배제하고
200여개의 활용 및 적용 예시를 작성하여
전문 디자이너가 시각화하여 만든 카드입니다.

카드 활용을 위해 [이렇게 해야 한다] 라는 규칙은 따로 없습니다.
다만, 카드를 활용하여 어떻게 아이디어를 도출 시킬 수 있는지에
대한 [기본 활용 방법]을 간략하게 적어보았습니다.

*처음 사용 시, 설명서 상단의 번호 순서대로 보시면
카드를 활용하시는데 더 도움이 될 것 같습니다.

카드를 사용하시면서, 아이디어를 도출시키기 위한 나에게
가장 적합한 방법을 찾아보는 것도 자기계발에
도움이 될 것 같습니다 :-)

2　　　　　　　　　　요리조리 메뉴개발카드 사용설명서

요리조리 메뉴개발 카드는 트리즈(TRIZ)의 40가지
'창의적 문제 해결 이론'을 바탕으로 개발된 메뉴 개발 도구입니다.

TRIZ

실제로 트리즈(TRIZ)는 삼성전자, LG전자, 포스코 등의 기업이
트리즈를 도입해 성과를 내어, 혁신적인 도구로 인정 받았습니다.

요리조리 메뉴개발 카드는 총 50장의 카드로

메인카드 36장 ㅣ 전문가용 카드 2장
조리법 설명 카드 2장 ㅣ 역전법 활용 사례 2장
강제연결법 활용 사례 2장 ㅣ 메인카드 활용사례 2장
카드사용설명 / 마실 FIELD 1장
회사소개 / 핵심인력소개 1장
표지 1장

으로 구성되어 있습니다.

ThinkWise

창의적 발상 도구인 [씽크와이즈] 프로그램은 아이디어 발상을 위한
브레인스토밍, 강제연결법, 마인드맵에 최적화된 프로그램으로
카드와 함께 사용하시면 업무에 시너지 효과를 줍니다.

카드 구성 내용

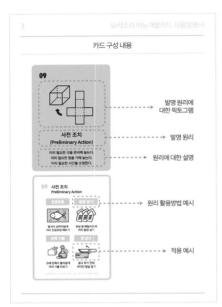

발명 원리에
대한 픽토그램

발명 원리

원리에 대한 설명

원리 활용방법 예시

적용 예시

전문가용 카드 활용 예시

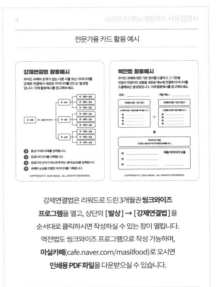

강제연결법은 리워드로 드린 3개월권 **씽크와이즈**
프로그램을 열고, 상단의 [**발상**] → [**강제연결법**]을
순서대로 클릭하시면 작성하실 수 있는 창이 열립니다.
역전법도 씽크와이즈 프로그램으로 작성 가능하며,
마실카페(cafe.naver.com/masilfood)로 오시면
인쇄용 PDF 파일을 다운받으실 수 있습니다.

초보를 위한 조리법 설명 카드

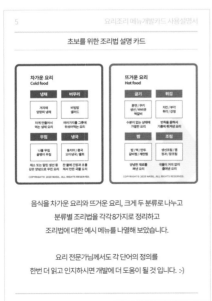

음식을 차가운 요리와 뜨거운 요리, 크게 두 분류로 나누고
분류별 조리법을 각각 8가지로 정리하고
조리법에 대한 예시 메뉴를 나열해 보았습니다.

요리 전문가님께서도 각 단어의 정의를
한번 더 읽고 인지하시면 개발에 더 도움이 될 것 입니다. :-)

외식전문기업 마실 카페
cafe.naver.com/masilfood

[메뉴개발]이라는 과제로 저희와 같은 고민을 하시는 분들께
저희가 찾은 솔루션을 공유드리고자 이 카드를 만들었습니다.
요리조리 메뉴개발카드를 사용하시는 모든 분들이
다 잘 되셨으면 하는 마음을 담았습니다.

. . . . . .

카드를 활용한 다양한 메뉴 개발 사례들과 함께,
외식 관련 분야에 종사하시는 분들께
도움이 될 만한 자료를 공유하는 공간을 마련하였습니다.

이렇게 만난 것도 인연인데,
마실 카페로 마실 오셔서, 소중한 인연 이어갔으면 좋겠습니다. :-)

감사합니다.

대표전화 1661-4787   www.masilfood.com

사용설명서는 구체적
이면서 이해하기 쉽
도록 시각화합니다.

⑤ 메뉴개발카드 활용 방법

조리법과 식재료를 정해놓고 메뉴 개발을 하는 이유

메뉴 개발을 할 때는 주로 메인 식재료가 정해지거나 메뉴 조리 방법이 정해진 상황에서 이루어지기 때문입니다.

※ 식재료가 정해지는 경우: 제철 식재료, 이슈가 되는 음식을 메뉴(ex. 소떡소떡)에 적용할 경우 해당됩니다.

※ 조리법이 정해지는 경우: 작업 설비에 맞춰 메뉴를 개발하는 경우가 해당됩니다. (ex. 튀김기를 보유하고 있어서 튀김 관련 메뉴를 개발할 때)

리워드를 활용할 수 있는 예시 상황을 가정하여, 실제 메뉴 개발 과정과 개발된 메뉴까지 페이지에 소개했습니다. 메뉴 개발을 할 때는 대부분 메인 식재료가 정해지거나 메뉴 조리 방법이 정해진 상황에서 개발이 이루어지므로 이 두 가지 방법을 예시로 담았습니다.

첫 번째 부록 카드(전문가용 카드): 강제연결법

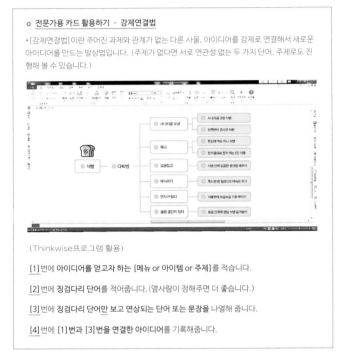

○ 전문가용 카드 활용하기 - 강제연결법

*[강제연결법]이란 주어진 과제와 관계가 없는 다른 사물, 아이디어를 강제로 연결해서 새로운 아이디어를 만드는 발상법입니다. (주제가 없다면 서로 연관성 없는 두 가지 단어, 주제로도 진행해 볼 수 있습니다.)

(Thinkwise프로그램 활용)

[1]번에 아이디어를 얻고자 하는 [메뉴 or 아이템 or 주제]를 적습니다.

[2]번에 징검다리 단어를 적어줍니다. (옆사람이 정해주면 더 좋습니다.)

[3]번에 징검다리 단어만 보고 연상되는 단어 또는 문장을 나열해 줍니다.

[4]번에 [1]번과 [3]번을 연결한 아이디어를 기록해줍니다.

강제연결법은 주어진 과제와 전혀 관계가 없는 듯한 사물이나 아이디어를 연결하여 새로운 아이디어를 만드는 발상법입니다. 메인 카드 내용을 모두 숙지하지 않아도 활용 가능하지만, 메인 카드의 원리를 알고 있을 때 아이디어 발상이 더 수월합니다. 해당 아이디어에 대한 결과물을 펀딩 페이지에 보여주지는 못했던 건, 당시에 이론적인 아이디어 결과만 있었지 실제로 이 방법을 활용하여 개발한 메뉴가 없었기 때문입니다. 펀딩이 끝난 후, 해당 방법을 이용하여 개발한 메뉴를 네이버 카페를 통해 공유했습니다.

두 번째 부록 카드(전문가용 카드): 역전법

○ 전문가용카드 - 역전법

* [역전법]이란 주어진 과제에 대한 기본 이론을 도출하고 그 이론을 뒤집어(반대 동작/상황)
그 뒤집어진 상황을 징검다리로 과제에 대한 해결 또는 아이디어를 도출해보는 방법입니다.

전문가용 카드 활용하기(2) - 역전법 [식빵개발편]

식빵에 대한 기본 정리	식빵에 대한 기본 뒤집기
식빵하면 떠오르는 것을 무엇이든 적어본다 →	이 내용을 반대로 표현해본다.
이스트로 부풀린다 네모 모양이다 밀가루가 주재료이다. 부드럽다 오븐에 굽는다	이스트로 부풀리지 않는다. 네모 모양이 아니다 밀가루는 주재료가 아니다 부드럽지 않다 오븐에 굽지 않는다

역전법은 기존의 방식을 역으로 생각하는 방식입니다. 예를 들어 '계란프라이는 둥글다 → 둥글지 않은 계란프라이'와 같은 방법으로 아이디어를 도출하는 것입니다.
이 부록 카드에도 메인 카드(메뉴개발카드)처럼 활용 예시가 있었으면 좋았겠다는 아쉬움이 남았습니다.

⑦ 카드 사이즈, 생활방수 여부

마우스나 핸드폰처럼 한 손에 들어오는 콤팩트한 사이즈로 가지고 다니기에 부담스럽지 않고, 주방에서 사용할 때 생활방수가 된다는 점을 보여주기 위해 물에 담가 연출했습니다.
방수력을 좀 더 강하게 어필하고 싶은 리워드라면, 사진보다는 영상이나 GIF(움짤)로 물에 빠졌다가 건졌을 때도 변함없는 제품 모습을 보여주면 좋습니다.

꿀TIP 항아리

나 혼자 영상 제작, 비디오몬스터

■ 비교적 쉽게 좋은 품질의 영상 제작이 가능한 비디오몬스터

비디오몬스터(videomonster.com)에 회원 가입한 후 로그인하여 원하는 영상 템플릿을 선택해서 다양하게 활용할 수 있습니다.

비디오몬스터 웹페이지

① PC로 로그인

원하는 템플릿을 클릭해 샘플로 제작한 영상을 먼저 확인한 후, 해당 템플릿으로 영상을 제작할지 여부를 선택합니다. 먼저 무료로 이용해보고 필요할 때 요금제를 구매해서 제작에 다양하게 활용할 수 있습니다.

② PC 편집창

원하는 템플릿에서 [무료 영상 제작하기]를 누르면 편집할 수 있는 창이 열립니다. 촬영한 사진과 영상을 업로드하여 원하는 위치에 문구와 함께 넣을 수 있습니다. 단, 무료 버전에서는 짜여진 템플릿 안에서만 사용할 수 있어서 위치나 구도, 글자 입력칸 등을 자유롭게 변경할 수는 없습니다.

③ 스마트폰 편집 방법

플레이스토어 검색

앱 설치

카테고리 선택

편집 방법은 PC와 동일합니다. 스마트폰으로 편집하는 방법을 살펴보겠습니다.

동영상 디자인 선택

템플릿 선택 확인 후 편집

사진 넣기

무료 이미지 사용

문구 삽입

완성 후 렌더링하기

❶ 플레이스토어 또는 앱스토어에서 '비디오몬스터'를 검색합니다.

❷ 비디오몬스터 앱을 설치합니다.

❸ 가입 및 로그인 후 동영상 제작 목적에 맞는 카테고리를 선택합니다.

❹ 카테고리에서 원하는 동영상 디자인 테마를 선택합니다.

❺ 동영상 제작 전, 선택한 디자인의 영상 템플릿으로 샘플 제작된 영상을 볼 수 있습니다.

❻ 템플릿 결정 후, 영상의 가로세로 비율을 선택하고, [편집]을 누르면 템플릿 설정값에 맞게 이미지와 글귀를 넣을 수 있습니다.

❼ 이미지가 들어가는 부분에는 원하는 이미지를 첨부합니다(무료로 제공되는 이미지도 첨부할 수 있습니다).

❽ 지정된 칸 안에 맞게 글귀를 작성합니다.

❾ 오른쪽 상단의 [완성] 버튼을 누르면 렌더링이 진행되고, 완료 후 기기에 저장할 수 있습니다.

④ 무료 계정 사용 시 알아둘 점

❶ 템플릿을 선택한 후, 편집하는 동안에는 미리보기를 지원하지 않습니다. (유료 서비스)

❷ 영상은 총 3번까지만 수정할 수 있습니다.

❸ 템플릿은 지정된 위치에서만 사용이 가능하며 글자 크기 등은 변경할 수 없습니다.

❹ 무료 계정의 완성 영상에는 상하단에 비디오몬스터 워터마크가 표기됩니다.

BEHIND

비디오몬스터 웹페이지

리워드 구성

■ 리워드 상세 구성

펀딩하는 리워드를 어떤 구성으로 제공할지 구체적으로 작성합니다. 리워드는 프로젝트 스토리에서 작성하며, 스토리를 작성한 다음 '리워드 설계' 카테고리에서도 작성합니다. 리워드 구성은 가독성이 좋고, 리워드의 강점이 잘 드러나게 강조해주는 것이 좋습니다.

리워드 설계 전략

한정수량: 제한된 수량으로 빠르게 펀딩 유도하기

패키지: 다양한 구성으로 할인율 높이기

간소화: 보기 쉽고 이해하기 쉽게 구성하기

■ 리워드 상세 구성 예시(1): 바다아트키트

① 키트 제품 리워드 상세 구성 안내

리워드 구성

#바다아트키트 1SET 기준 리워드 구성

사용설명서 1장/나무받침 2개/테이블비닐 1장/큰종이컵 2개/
작은종이컵 2개/등대 1개/나무막대 4개/질은파랑 색소 1개/
파랑색소 1개/환색소 2개/투명레진 2개/라텍스장갑 2개

• 등대(미니어처)는 다른 제품으로 변경될 수 있습니다. 변경 시, 새 소식으로 안내드리겠습니다:-)

바다아트키트가 '키트' 제품인 만큼, 구성에 여러 가지 재료가 포함되어 있습니다. 따라서 리워드 가격 안내 전에 이 키트가 어떤 구성으로 이루어졌는지 상세하게 표기했습니다.

② 리워드 설계

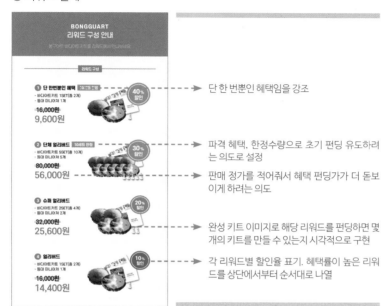

단 한 번뿐인 혜택임을 강조

파격 혜택, 한정수량으로 초기 펀딩 유도하려는 의도로 설정

판매 정가를 적어줘서 혜택 펀딩가가 더 돋보이게 하려는 의도

완성 키트 이미지로 해당 리워드를 펀딩하면 몇 개의 키트를 만들 수 있는지 시각적으로 구현

각 리워드별 할인율 표기. 혜택률이 높은 리워드를 상단에서부터 순서대로 나열

서포터가 펀딩 후 받게 될 금액별 리워드 리스트입니다. 선택의 여지가 없이 리워드가 한 종류일 경우, 리워드 여러 개를 묶어서 수량이 많은 리워드순으로 할인율을 높게 잡아 구성하는 것이 좋습니다.

■ 리워드 상세 구성 예시(2): 영화 인문학 카드

① 영화 인문학 카드 강의 리워드 안내

영화 인문학을 주제로 한, 기존에 없던 교구였기에 이해를 높이고자 카드에 대한 강의 리워드를 리워드 리스트에 함께 구성했습니다.

BEHIND

서포터가 펀딩을 위해 클릭하는 실제 리워드 창

꿀TIP

리워드와 연관된 제품

메인 리워드와 연관된 다른 리워드와 세트 구성은 펀딩 금액을 높이는 전략으로 활용할 수 있습니다.

② 리워드 설계

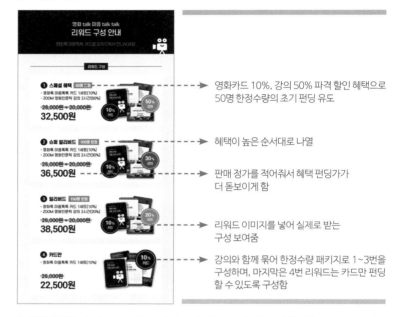

영화카드 10%, 강의 50% 파격 할인 혜택으로
50명 한정수량의 초기 펀딩 유도

혜택이 높은 순서대로 나열

판매 정가를 적어줘서 혜택 펀딩가가
더 돋보이게 함

리워드 이미지를 넣어 실제로 받는
구성 보여줌

강의와 함께 묶어 한정수량 패키지로 1~3번을
구성하며, 마지막은 4번 리워드는 카드만 펀딩
할 수 있도록 구성함

> 영화 인문학 카드는 ISBN이 등록되어 도서로 분류되었는데, 도서 할인은 최대 10%까지만
> 가능하도록 규정되어 있습니다. 그래서 대신 강의 혜택을 파격적으로 제공했습니다.

■ 리워드 상세 구성 예시(3): 손소독제

① 손소독제 리워드 구성 소개

60mL 손소독제는 **상자에 개별 포장** 되어 발송됩니다.

종이백은 손소독제 60ml 4개를 담기에 알맞은 크기입니다.

> 손소독제는 상자에 하나씩 담아 발송되며, 4개 단위로 주문하면 선물용 쇼핑백을 증정한다
> 는 내용을 작성했습니다. 당시 상자와 쇼핑백이 제작되지 않아 목업(실물 모형) 이미지를
> 먼저 작업하여 올렸습니다.

② 리워드 설계

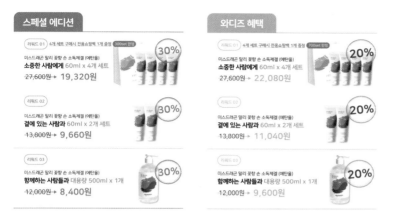

손소독제는 개인 사용 용도, 선물용, 대용량(거치용)으로 리워드를 구분했습니다. 300세트, 700세트는 한정수량 혜택치고는 수량이 다소 많은 편이라 얼리버드 혜택의 효과가 거의 없었습니다.

③ 디자인이 어렵다면 '표'로 입력하기

리워드를 설계할 때 리스트 디자인이 어렵거나 표로 명확하게 표현하고 싶다면 본문에 표를 넣어서 리워드를 설명합니다. (ex. 사이즈가 다양한 의류나 신발 등)

꿀TIP

리워드 네이밍

타깃 서포터를 공략하는 센스 있는 네이밍

① 선물용으로 유도하는 리워드: '소중한 사람에게'

② 최소 펀딩 수량 2개 설정: '곁에 있는 사람과'

꿀TIP

의류의 경우 사이즈별로 허리, 기장, 둘레 등 상세 사이즈 기재를 해야 할 때 표를 활용하면 효과적입니다.

펀딩을 위한 리워드 설계

꿀TIP 항아리

① 리워드 등록 준비하기

본문에 리워드를 안내한 후, 서포터가 원하는 리워드 옵션을 클릭하여 펀딩할 수 있도록 리워드 설계 카테고리에서 안내에 따라 리스트별로 내용을 입력해줍니다.

카테고리에서 [리워드 설계]를 클릭한 후, [추가하기] 버튼을 클릭합니다. 이때 프로젝트 종료일을 먼저 설정해야 리워드를 설계할 수 있습니다. 임의라도 우선적으로 [기본 정보] 카테고리에서 프로젝트 종료일을 설정합니다.

② 리워드 등록 창 열고 작성하기

[리워드 추가] 버튼을 누르면 금액, 리워드명, 상세 설명 (구성), 옵션 조건, 배송 조건, 제한 수량, 발송 시작일을 설정할 수 있습니다. 리워드 설계에서 작성한 내용을 글로 간추려서 적습니다.

③ 리워드 내용 작성하기

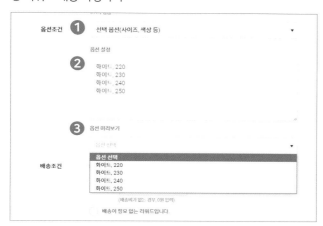

옵션을 추가해야 하는 제품일 경우 ❶ 옵션 조건에서 [선택 옵션]을 클릭한 후, 하단의 [옵션 설정] 칸에 옵션 목록을 작성합니다. 엔터 키를 이용해서 옵션을 구분한 후, ❸ [옵션 미리보기]에서 서포터가 펀딩에 참여할 때 옵션을 선택하는 창이 실제로 어떻게 보이는지 확인할 수 있습니다.

④ 배송비 여부 안내, 발송 시작일 설정하기

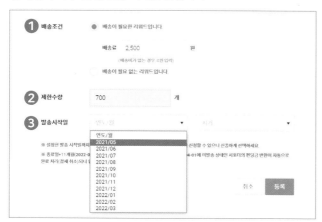

펀딩할 리워드의 옵션을 모두 기록한 후, 배송 조건을 설정합니다. 먼저 ❶ [배송 조건]에서 배송료를 입력합니다(와디즈와 제휴하는 택배사에 알아보기). 배송이 필요하지 않으면 [배송이 필요 없는 리워드입니다]를 체크합니다. 다음으로 ❷ [제한 수량]에는 이 혜택이 제공되는 리워드 수량을 적습니다. ❸ [발송 시작일]을 정확히 입력합니다.

알아가기

발송 시작일을 준수하지 않으면 서포터는 펀딩금 반환 요청이 가능합니다.

알아가기

와디즈 리워드의 발송 시작일 설정 기준 범위

- 월 초(1일~10일)
- 중순(11일~20일)
- 월 말(21일~말일)

⑤ 서포터가 옵션을 직접 입력해야 할 때

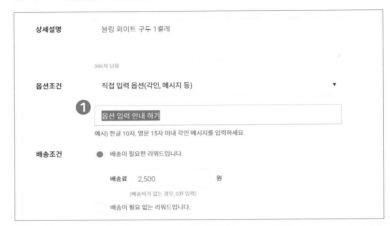

옵션에 각인 메시지 등, 서포터가 직접 문구를 입력해야 하는 경우 [옵션 조건]에서 [직접 입력 옵션]을 선택한 후, ❶ [옵션 입력 안내하기]에 서포터들이 옵션을 어떻게 입력하면 되는지 설명글을 적어줍니다.

⑥ 옵션 입력 후, 실제로 어떻게 보일지 확인

발송 시작일까지 모두 입력한 후 [등록]을 누르면 사진처럼 서포터에게 실제로 어떻게 보일지를 확인할 수 있습니다. 내용을 모두 올바르게 입력했는지 확인합니다. 리워드 설계에 입력한 내용은 본문에 입력한 내용과 일치해야 합니다.

메이커 소개 및 펀딩금 사용 계획

■ 메이커 소개 및 펀딩금 사용 계획 작성하기

펀딩 프로젝트를 개설한 메이커가 어떤 가치관을 가지고 해당 리워드를 제작하게 되었는지를 상세하게 작성합니다. 또한 펀딩금 사용 계획은 스토리를 최종 제출한 후, 와디즈에서 꼼꼼히 검토하는 내용 중 하나입니다.

꿀TIP

메이커 작성 키워드

① 신뢰성

② 진정성

크라우드 펀딩 특성상 신뢰가 특히 중요한 만큼, 메이커 사진은 반드시 등록하도록 규정되어 있습니다.

메이커 소개 작성 전략
펀딩 프로젝트에 관련된 경력, 신념, 가치관 등을 통한 신뢰 상승
서포터에게 전달하는 가치에 대한 진정성 있는 메이킹 스토리

■ 메이커 소개 예시(1): 영화 인문학 카드

① 메이커 소개

안녕하세요, 강의하는 코치 윤지원 #윤짱코치 입니다.

영화를 보고 인상적인 부분을 찾고 그렇게 생각하는 이유를 적고 나누는 활동을 하는 이유는, 그 이유에 각자의 정체성이 담기기 때문입니다. 누군가가 "이 장면은 당연히 이러한 이유로 인상적이지 !" 라고 생각한다면, 그는 '그 부분을 당연하다고 생각하는 사람'입니다. 같은 장면을 보고, 인상적이라고 생각하는 이유가 다양합니다. 내가 소중하게 생각하는 가치, 그동안의 경험, 나를 둘러싼 환경 등이 다르고 '나는 이 세상에 단 하나뿐인 특별한 존재' 이기 때문입니다.

'영화 talk 마음 talk talk' 카드는 명장면이 아닌, 누군가에겐 그냥 스쳐 지나갔을지 모르는 한 장면을 저의 시선에서 보고, [나]라는 시점에서 질문을 건져올려 보았습니다. 저절로 낚여지는 보석 같은 질문이 있습니다. 영화 속 주인공이나 감독에게 하고 싶은 질문도 있고 저 자신에게 혹은 저를 둘러싼 우리와 우리 사회에 하고 싶은 질문도 있습니다. 때론 가볍고 때론 무거운 질문을 건져 올려보기도 합니다 :)

평소 영화 인문학을 주제로 강의와 코칭을 하는 윤 코치의 소명을 담은 글과 함께, 영화 인문학 카드에 어떤 의미와 가치를 담았는지 소개했습니다.

펀딩 후 사업 방향을 적어주어서 펀딩 한 번으로 높은 수익을 올리기 위함이 아닌, 앞으로의 발판을 다지는 것이 펀딩의 목적임을 알려줍니다.

영화 인문학 카드

펀딩 페이지에는 윤 코치 사업의 과거, 현재, 미래 모습을 담았습니다. 시대의 흐름에 따라 성장하는 모습을 보여주며 함께하게 될지도 모르는 예비 파트너들의 이목을 집중시키는 데 성공했습니다. 덕분에 '영화카드'를 통한 심리상담 시스템' 관련 특허를 공개하여 메타버스 시장에 진입할 수 있는 발판이 마련되었습니다.

② 펀딩 후 계획

> 현재 [영화 talk 마음 talk Ver.2] 를 준비하고 있습니다. 와디즈 펀딩으로 모금된 금액으로 [영화카드]를 테마로 한 심리 상담 시스템구축하는 작업을 하려고 합니다. 현재 운영하고 있는 영화를 도구로 인문학 질문을 통해 삶 속에서 기억해야 할 것들을 성찰하도록 돕는 프로그램과 접목시켜서 진행될 예정입니다.
>
> 영화 인문학을 통해서 참가자분들이 자신을 이해하고 성찰해서 살아가면서 어떤 경험을 하더라도, "어떤 경험도 의미 없는 것은 없다. 아직 깨닫지 못했을 뿐, 큰 그림의 점이 찍히고 있다." 라고 믿고 그 시간을 '지금 그리고 여기' 를 평안히 누렸으면 좋겠습니다. 당장 눈에 보이는 결과로 나타나지 않아도 우리의 성장은 진행 중 입니다. 내가 인식하고, 인식한 나를 다시 탐색하며 이 경험을 통해서 내가 무엇을 배우게 될지 성찰의 끈을 놓지 않으면, 우리는 어떤 경험을 통해서도 성장할 수 있습니다. 각각의 점들이 어떻게 연결되어 그림의 의미 있는 결과로 눈에 보이게 될지 기대하는 우리의 무수한 점들을 사랑스럽습니다. 어쩌면 저는 이 말이 하고 싶어서 "강의하는 코치"로 살고 있는지도 모르겠습니다 :-)

영화카드를 이용한 심리 상담 시스템

[펀딩 후 계획]에 이번 펀딩을 시작으로 앞으로의 방향, 펀딩금을 어떻게 사용할 것인지 등을 적었습니다. 특허출원서로 다음 아이템을 준비하고 있음도 보여주었습니다. 이렇게 작성한 펀딩 페이지는 펀딩이 끝난 이후 1인 기업의 포트폴리오, 사업기획서 역할을 해줍니다.

■ 메이커 소개 예시(2): 바다아트키트

메이커 소개 및 펀딩 후 계획

메이커의 브랜드 네임에 어떤 의미를 담았는지, 플루이드 아트(레진아트)를 통해 어떤 가치를 주고자 하는지 등 메이커 소개를 상세히 작성했습니다.

프로젝트 일정 및 배송 안내

■ 프로젝트 일정 및 배송 안내

정해진 기간에 펀딩을 참여하는 만큼 프로젝트 진행 및 배송 일정, 배송 안내를 상세히 기록하여 서포터들에게 미리 알리면 신뢰를 높일 수 있습니다.

BEHIND

와디즈 펀딩 정책이 상시 업데이트되므로 작성법이 조금씩 달라질 수 있습니다. 이로 인해 수정이 필요한 부분은 펀딩 오픈 전에 와디즈 심사팀에서 안내해 줄 것입니다.

> **프로젝트 일정 및 배송 안내**

스토리 작성 시, 작성 페이지 글에 안내되어 있는 항목대로 작성하기

① 프로젝트 일정 작성하기

일정 중에서 정확하게 명시해야 하는 날짜는 '펀딩 마감일'과 '발송 시작일'입니다. [기본정보] 카테고리에 입력한 펀딩 마감 날짜와 스토리 작성에 작성한 날짜가 일치하도록 해서 혼선이 생기는 것을 방지해야 합니다.

② 일정이 한눈에 보일 수 있도록 디자인하기

미리캔버스에는 프로젝트 일정이 한눈에 잘 보일 수 있도록 다양한 디자인 템플릿들이 마련되어 있습니다.

꿀TIP

미리캔버스 템플릿에서 '리워드' 또는 '일정'을 검색하면 관련 템플릿을 찾을 수 있습니다.

리워드 발송 안내 시

- 리워드가 '푸드'일 경우 반드시 기재합니다.
- 외부 충격, 세탁 시 주의 사항, 수령 후 1달 이내 사용 권장 등 필요한 내용을 작성합니다. 자세하게 기재할수록 반품을 줄일 수 있습니다.

① 이메일로 보낼 경우

- 리워드가 PDF 파일일 때
- 강의 링크를 전송할 때
- 공연 리워드일 때

② SMS로 보낼 경우

- 촬영 리워드일 때
- 쿠폰 형태의 발행 리워드일 때
- 강의 및 공연 리워드일 때

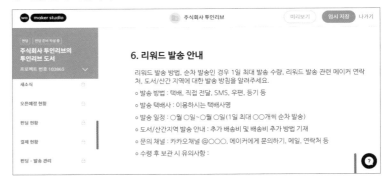

리워드에 따라 배송 방법이 달라지므로 발송 방법, 택배사, 일정의 내용들을 상세하게 기재합니다. (ex. 택배, 이메일, 문자, 우편 등)

※ 도서 및 산간지역에 대한 추가 배송비가 있을 경우 주소에 따라 배송비가 자동으로 추가 결제되지 않으므로 별도 안내가 필요합니다.

도서 및 산간지역 배송 안내 ①

펀딩 결제 예약 시, [후원금 더하기] 란에 비용을 추가 입력하도록 안내 문구를 입력합니다. (ex. 도서·산간지역은 추가 배송비 3,000원을 후원금 더하기에 입력해주세요.)

도서 및 산간지역 배송 안내 ②

리워드 설계를 입력할 때 '도서·산간지역 배송비' 리워드를 별도로 추가합니다.
(ex. 도서·산간지역일 경우 해당 리워드를 함께 선택한 후 펀딩 결제 예약을 해주세요.)

하루 최대 발송 가능량을 기재할 때는 택배사 기준이 아닌, 감당할 수 있는 포장 수량을 기준으로 적어주는 것이 좋습니다. 발송 일정에는 발송 시작일만 기재합니다. 부득이하게 늦게 도착하는 상황이 생길 수 있으므로 종료일은 굳이 표기하지 않습니다.

FAQ 작성하기

■ FAQ 작성하기

FAQ는 서포터가 궁금할 수 있는 부분을 설명해줍니다. 스토리에 작성했지만 메이커의 입장에서 강조하고 싶은 부분을 한 번 더 언급할 때도 활용할 수 있습니다.

FAQ 활용

잘 정리한 FAQ로 같은 질문에 여러 번 답변해야 하는 상황 방지하기

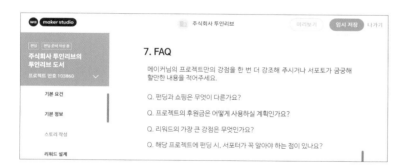

예시 1. 사용 중 제품에 문제가 생겼을 경우 A/S가 가능할까요?

1. 교환/AS 신청·보증기간: 리워드 수령일로부터 1년 이내 무상 교환
2. 교환/AS 접수처: 업체명 0000-0000

- 보증기간 확인을 위해 A/S 접수 시 와디즈 펀딩 내역을 캡처하여 업로드해주시길 바랍니다.
- 보증기간 이내일지라도 사용자의 고의 또는 과실로 인하여 제품 수리 및 재생이 불가능한 경우에는 A/S가 불가합니다.
- 정상적인 상태에서 사용 중 발생한 제품 하자인 경우 1:1 교체해드립니다.
- 전원을 켠 후, 온도 상승을 위한 발열 시 '삐-' 소리가 나며, 이는 제품의 하자가 아닙니다.

예시 2. 알레르기를 유발할 수 있는 성분이 있나요? (화장품, 음식 등)

본 제품은 달걀, 우유, 메밀, 땅콩, 밀, 고등어, 게, 새우, 돼지고기, 소고기, 복숭아, 토마토, 조개류, 버섯, 콩, 약제 등과 같은 제조 시설에서 제조하고 있습니다. 간혹 개인에 따라 알레르기 반응이 나타날 수도 있으니 반드시 제품 원료를 확인하신 후 섭취해주세요.

오픈예정 서비스 전략

꿀TIP 항아리

■ 오픈예정 서비스

펀딩을 오픈하기 전, 초기 펀딩률을 높이기 위한 전략에서 활용하는 서비스로, [기본 요건]에서 '오픈예정 서비스 사용'을 체크하면 아래 사진처럼 오픈예정 스토리를 작성할 수 있는 칸이 활성화됩니다.

오픈예정 서비스의 소개는 '영화 예고편'과 같은 느낌으로 작성합니다. 단, 너무 신비주의일 경우 호기심조차 생기지 않을 수 있으니 주의합니다.

현재 오픈예정 서비스 중인 타사 프로젝트를 참고해서 작성해도 좋습니다. 오픈예정 서비스는 말 그대로 펀딩 프로젝트를 정식 오픈하기 전에 보여주는 미리보기 같은 서비스로, 오픈되었거나 종료된 프로젝트는 오픈예정 페이지를 볼 수 없으며, 오픈예정 페이지가 아닌 본 펀딩 프로젝트 페이지로 바로 전환됩니다.

본 펀딩 프로젝트 페이지	오픈예정 펀딩 프로젝트 페이지
도입부 후킹	도입부 후킹
펀딩 프로젝트 개설 이유 & 프로젝트 소개	펀딩 프로젝트 개설 이유
리워드 상세 소개 및 설명	(간략한) 프로젝트 소개
리워드 구성	리워드 구성
메이커 소개 및 펀딩금 사용 계획	메이커 소개
프로젝트 일정	알림신청 혜택
배송 안내	
FAQ	

① 오픈예정 페이지 작성(예시)

먼저 호기심이 유발되는 포인트를 고민합니다. 바다아트키트에서는 인테리어된 예시를 보여주지 않고, 본 펀딩 페이지에서 볼 수 있게 알림신청을 유도했습니다. 알림신청 혜택은 별도 선물을 제공하지 않는 대신, 원가에 가져갈 수 있는 펀딩 금액으로 '선착순 30세트'를 내세워 진행했습니다.

알아가기

오픈예정 서비스는 와디즈 심사 피드백 과정을 모두 거친 후, 최소 7일~14일까지 설정 가능합니다. 희망 날짜에 맞춰 설정하면 됩니다.

※ 봉구아트 혜택 예시

→ 30세트 한정 40% 할인으로 알림신청 유도

키트 만드는 과정과 완성품 사진을 공개하여
실제 활용 예시로 유도

올해 마지막 오픈임을 강조

② 오픈예정 페이지에 '프로젝트 일정, 배송 안내, FAQ'를 넣지 않는 이유

오픈예정을 시작하면 펀딩이 바로 진행되는 것이 아니라, 최소 7일 동안 오픈예정 서비스가 진행된 후, 본 펀딩 페이지가 게시됩니다. 펀딩 기간도 보통 2주에서 1달 정도 소요되는데, 프로젝트 일정 및 배송 안내를 오픈예정 때 게시하면 서포터 입장에서 리워드를 받기까지 체감하는 시간이 너무 길게 느껴질 수 있어 펀딩률을 떨어뜨릴 수 있습니다. 또한 오픈예정 페이지에는 펀딩 페이지에 들어갈 내용이 요약되어 들어가므로 FAQ는 불필요할 수 있습니다. FAQ를 통해 제품의 강점을 어필할 수 있는 것이 아니라면 굳이 넣지 않습니다.

③ 알림신청 유도하기

알림신청을 한다는 것은 서포터가 해당 리워드를 궁금해한다는 의미이기도 하며, 동시에 그로 인한 어떤 혜택을 받고자 한다는 것임을 기억해야 합니다. (ex. '72시간 이내 펀딩 시, 슈퍼얼리버드 혜택을 얻을 수 있습니다.')

CHAPTER 06 | 펀딩 오픈 준비 마무리 단계

위험요인 및 정책

■ 위험요인 및 정책

리워드 발송하는 데 변동될 수 있는 최대 기간을 서포터에게 미리 알리고 교환, 반환, A/S 정책을 등록해야 합니다. 펀딩이 오픈된 후에는 내용 수정이 불가하니 신중하게 작성하는 게 좋습니다.

> **알아가기**
>
> 리워드가 여러 개일 때는 모든 리워드에 대한 정보 제공 고시를 등록해야 합니다.

① 리워드 정보 제공 고시하기

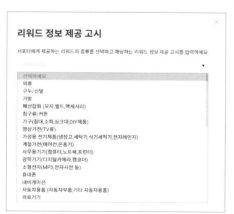

> 펀딩하려는 리워드의 카테고리를 선택하면 해당 리워드에 맞게 '리워드 정보 제공 고시'를 입력하는 칸이 나타납니다. 각 타이틀에 맞는 내용을 기재한 후 등록합니다.

② 펀딩금 반환 정책

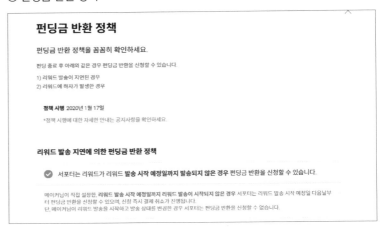

리워드 발송 지연에 따른 펀딩금 반환을 서포터가 요청할 수 있으며, 리워드 발송이 프로젝트 종료일로부터 11개월까지 지연된 경우 자동 결제 취소가 됩니다. 또한 배송 완료 후, 리워드 하자가 발생한 경우 서포터는 반환을 요청할 수 있으며 그에 대한 증거가 명확해야 합니다. 그렇지 않을 경우 메이커는 펀딩금 반환 신청을 거절할 수 있습니다.

알아가기

A/S 정책에는 보증기간 이내, 또는 종료 이후로 내용을 구분해 공지하여 문제 발생 시 해결 방안(센터 방문 등)에 대해 안내해야 합니다. 사용자의 과실로 A/S가 불가능한 경우도 함께 안내해줍니다.

사용 중 발생한 하자에 대한 A/S 정책은 서포터의 입장, 메이커의 입장 모두를 감안하여 작성합니다.

③ 입력한 리워드 정보 제공 고시 확인

직접 입력한 A/S 정책 외에 기본적으로 설정되어 있는 펀딩금 반환 및 정책에 대한 내용은 모두 해당 페이지에 게시되어 있습니다.

오픈한 펀딩 프로젝트를 클릭하면 스토리가 가장 먼저 뜨게 됩니다. 상단 탭에서 스토리 옆 [반환·정책]을 클릭하면 위험요인 및 정책에서 입력한 내용을 볼 수 있습니다.

메이커 정보

메이커의 프로젝트 번호 확인하기

페이지의 좌측 상단의 [maker studio] 아래쪽인 프로젝트 제목 하단에 작은 글씨로 프로젝트 번호가 적혀 있습니다. 프로젝트 번호는 피드백 제출이나 정산 등 필요에 따라 작성할 때, 해당 위치에서 확인합니다.

■ 메이커 상세 정보 입력

메이커에 대한 정보를 입력하는 곳으로, 이곳에 입력하는 정보는 와디즈 펀딩 페이지에 노출됩니다.
예시) 그림 ❶

■ 대표자 및 정산 정보

해당 카테고리에는 공개되는 메이커 정보가 아닌 영수증(계산서) 발행 및 정산을 위한 개인 또는 사업자 정보를 입력합니다. 개인, 개인사업자, 법인사업자 등 각각 작성하는 내용이 다르므로 사업자 구분에서 해당하는 부분을 먼저 선택한 후, 요구하는 정보를 작성합니다.

저장 후 제출하기

■ 6개 항목을 각각 저장한 후 제출하기

기본 요건 외 5개 항목을 모두 입력한 후, 각 항목에서 [임시 저장]이 아닌 하단의 [저장하기] 버튼을 클릭하면 [제출하기] 버튼이 활성화됩니다.

> 모든 펀딩 내용을 제출한 후 심사팀에서 피드백이 오기 전까진 내용 수정이 불가능하고, 피드백이 도착 후에야 다시 페이지 수정을 할 수 있습니다. 항목별 입력을 완료하고 와디즈에서 최종 검토가 끝나면 본격적으로 펀딩 프로젝트가 오픈되는데, 이때부턴 더 이상의 수정이 불가능합니다.
>
> ※ 프로젝트 오픈 이후에도 수정 가능한 항목: '기본 정보'의 대표 이미지, '스토리 작성'의 소개 영상·사진 등록

> **알아가기**
>
> 와디즈 심사 후, 피드백이 요청된 부분을 메이커가 수정할 수 있도록 편집 기능을 열어주며, 제출한 후 수정하고 싶은 내용이 있으면 심사팀에 요청할 수 있습니다. (단, 와디즈 펀딩 오픈 전까지만 가능합니다.)

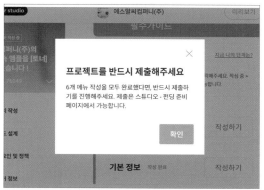

제출 후 피드백

■ 제출 후 와디즈 심사팀 피드백

피드백은 이메일과 '메이커 스튜디오'에서 확인 가능하며, 피드백에 대한 수정은 메이커 스튜디오에서 할 수 있습니다. 와디즈 심사팀의 안내에 따라 내용을 수정하고 답변을 제출합니다. 피드백은 단계별로 진행되며, 일반적으로 평균 10일 동안 총 6번의 피드백을 주고받습니다. (이는 펀딩을 4번 진행하는 동안의 평균 피드백 횟수와 기간입니다.)

■ 피드백 예시: 메뉴개발카드

① 1차 피드백

리워드와 증정품에 대한 구분을 명확하게 표기해야 한다는 피드백을 받았으며, 위험요인 및 정책이 3일 전에 새롭게 변경되면서 해당 내용을 다시 양식에 맞게 변경해야 한다는 피드백도 받았습니다.

② 2차 피드백

조금 더 정확한 안내를 위한 단어 수정 요청을 받았습니다. (도서·산간지역의 배송비를 후원 금액으로 추가 결제하는 방식이 아닌, '후원금 더하기'에 추가 배송비 입력하는 것으로 수정함)

알아가기

단계별 심사 피드백

1단계 심사: 요건 확인

기본 요건에 기재된 내용을 바탕으로 펀딩할 수 있는 조건(서류 등), 적합성 여부를 보완 요청하거나 다음 단계로 넘어갑니다.

2단계 심사: 콘텐츠 확인

1단계 심사가 완료된 후, 스토리에서 수정해야 할 내용을 검토하는 단계입니다.

꿀TIP

와디즈에서 피드백 받은 내용을 명확히 이해하고, 피드백에 따라 답변 및 내용 수정 후 제출합니다. 질문에 대한 답변이 명확하지 않거나 수정이 더 필요할 때는 다시 요청하여 추가 피드백을 받을 수 있습니다.

③ 3차 피드백

알림신청 이벤트가 펀딩에 참여한 서포터들만을 위한 혜택이라면, 펀딩 종료 후 리워드와 함께 발송될 것이며 프로젝트가 성공 시에만 제공된다는 점을 명시해야 합니다.

알림신청 이벤트 선물은 **알림신청 후 펀딩에 참여하는 서포터들을 위한 것**으로 펀딩 종료 후에 전달하게 됩니다. 이와 관련한 안내 문구를 기입해야 한다는 피드백을 받았습니다.

④ 4차 피드백

알아가기

전자약정체결

펀딩 심사가 완료되면 펀딩 오픈 전, 메이커 정보에 입력된 대표자의 이메일로 전자약정체결 서명 문서가 전송됩니다.

리워드로 제공되는 파일 목록을 서포터들이 쉽게 이해할 수 있도록 리워드에 대한 충분한 설명을 요청받았습니다. 프로젝트 일정 중, '스토리 작성'의 리워드 발송 시작일(3월 10일)과 '리워드 설계'의 리워드 발송 시작일(3월 11일~20일)이 일치하지 않은 점도 수정을 요청받았습니다. 예를 들어 배송이 10일부터 15일까지라면 와디즈에서 설정한 중순의 기준에 맞춰 본문에도 '11일부터'로 명시해야 합니다.

⑤ 최종 검토

최종 검토가 완료되면 바로 펀딩을 오픈할 수 있도록 창을 열어줍니다. 이때 모든 페이지는 수정할 수 없습니다. 오픈예정 서비스를 이용한다면 오픈예정 서비스가 먼저 오픈되며, 오픈 직전에 오픈예정 서비스의 게시 기간을 설정할 수 있습니다. (최소 7일~14일 이내)

꿀TIP 항아리

펀딩 요건 확인

■ 펀딩에 적합한지 확인하는 단계

요건 확인 단계를 진행하는 이유
메이커와 서포터의 신뢰 형성
메이커의 자격 요건 확인
제공되는 리워드가 스토리와 일치하는지 사전 점검

프로젝트 스토리는 메이커의 의도에 따라 자유롭게 표현할 수 있지만, 서포터들의 피해를 막기 위해 신뢰할 수 있는 내용인지 사전 점검을 합니다. 즉, 펀딩이 성공했을 때 제품 제조 및 양산할 준비는 되어 있는지 확인을 거칩니다. 이 과정은 다른 곳에 제품을 납품·유통·판매할 때 기본적으로 거치는 단계를 바탕으로 심사하므로, 펀딩 준비 과정에서 미리 준비한다고 생각하면 좋습니다.

■ 요건 확인의 기준

1) **공통 기준**: 프로젝트의 신뢰성 심사 및 이미 유통된 이력 여부 등을 점검한 후, 펀딩 오픈 여부를 심사합니다.
2) **유형별 기준**: 리워드 실물 확인을 통한 사전 점검이 이루어지며 리워드에 따른 유통 자격에 부합한지를 심사합니다.

■ 프로젝트 진행 전, 필수 확인 사항

펀딩 진행 전 필수 확인 목록
동일한 구성품으로 국내 온·오프라인에서 판매되었거나 판매 중이라면 펀딩 불가
해외 크라우드 펀딩 플랫폼을 통해 7일 이상 프로젝트가 진행되었다면 펀딩 불가
지분 분배, 현금 수익, 포인트와 같은 금전적 이익으로 리워드 제공 불가
법규상 온라인 판매 가능 품목만 펀딩 가능
프로젝트의 내용에 정치적 편향성, 사회적 공익 저해, 타인 비방 기재 불가

꿀TIP

유형별 기준 심사는 피드백을 통해 개선 방향을 잡아갈 수 있지만, 공통 기준이 적합하지 못할 경우 펀딩 오픈이 불가합니다.

알아가기

해외 크라우드 펀딩 플랫폼을 통해 프로젝트를 7일 이하로 진행했거나, 펀딩이 종료되고 발송 완료된 리워드일 경우에는 펀딩이 가능합니다.

CHAPTER 07

펀딩 오픈부터 마감 후 정산, 발송까지

새소식 등록하기

■ 새소식은 서포터와의 소통 채널

알아가기

새소식은 횟수 제한 없이 게시할 수 있으며, 펀딩 스토리에서 어필하지 못한 부분을 새소식을 통해 서포터에게 전달할 수 있습니다.

새소식은 서포터와 소통하는 공간으로 주로 이벤트와 제품의 진행 상황 등 각종 소식들을 알리는 데 사용되며, 해당 프로젝트를 알림신청한 서포터들에게 먼저 알림이 가게 됩니다.

■ 새소식 작성 시 유의 사항

알아가기

펀딩 스토리는 수정할 수 없지만 새소식은 수정이 가능합니다.

새소식은 와디즈의 심사를 거치지 않고 바로 게시됩니다. 따라서 이벤트 당첨 혹은 배송 후 운송장 정보를 새소식을 통해 공유할 때 개인정보가 노출되지 않도록 주의해야 합니다. ❶ [새소식 작성하기]를 클릭하면 가장 먼저 작성 시 유의 사항을 확인할 수 있습니다. 법적으로 문제가 될 수 있는 정보가 상시 업데이트되므로 숙지해야 합니다.

새소식 작성 시 유의 사항 안내

■ 새소식 말머리에 따라 달라지는 알림 발송 대상

새소식을 작성할 때는 먼저 유의 사항을 읽은 후, 목적에 맞게 말머리를 설정하고 제목과 글을 작성합니다. ❶ 말머리를 선택하면 하단에 누구에게 새소식 알림이 발송되는지 확인할 수 있습니다.

알아가기

스토리 상단 노출

페이지 우측 상단에 있는 [스토리 상단 노출] 버튼을 클릭하면 프로젝트 최상단에 노출됩니다. 최상단 노출은 지정한 1건의 소식만 노출됩니다.

■ 리워드 발송 후, 새소식을 통한 발송 안내

리워드 발송 후에는 반드시 새소식을 통해 발송에 대한 안내를 올려야 합니다. 발송 안내나 발송 지연에 대한 새소식을 등록할 때 ❷ [예시문구 불러오기]를 클릭하면 작성할 수 있는 템플릿으로 변경됩니다.

발송 안내 템플릿이 적용된 모습

오픈예정 현황 점검

알림신청

오픈예정 서비스 중인 프로젝트
를 클릭하면 알림신청을 할 수
있는 버튼이 보입니다. 알림신
청을 클릭한 서포터는 해당 프
로젝트의 오픈 안내 메시지를
받아볼 수 있습니다.

■ 오픈예정 현황 보기

오픈예정 서비스를 신청한 메이커에게만 해당하는 내용입니다. 날짜별로 몇 명의
서포터가 알림신청을 했는지 조회할 수 있으며, 그래프 하단에 서포터들의 닉네
임과 휴대폰 번호가 마스킹 처리되어 보입니다. 펀딩이 종료된 후에는 최종 펀딩
까지 참여한 서포터들의 정보를 다운받아 자세히 확인할 수 있습니다.

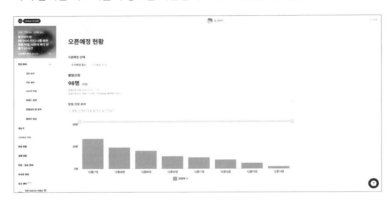

모바일로 보는 오픈예정

■ 오픈예정인 프로젝트 펀딩 살펴보기

현재 오픈예정인 프로젝트는 PC 화면 기준 와디즈 메인의 [펀딩하기] ▶ [오픈예
정] 카테고리에서 볼 수 있으며, 모바일에서는 [와디즈 앱] ▶ [얼리버드] 카테고
리에서 볼 수 있습니다.

펀딩 현황 점검

■ 펀딩 현황 보기

[펀딩 현황] 카테고리에서 현재 진행 중인 펀딩의 현황을 실시간으로 볼 수 있습니다. 어느 경로를 통해 펀딩 페이지에 유입되었는지 날짜별로도 유입 현황을 볼 수 있습니다.

알아가기

펀딩 현황을 통해 마케팅 계획을 세울 수 있습니다.

① 펀딩 현황 확인하기

펀딩 현황에서 프로젝트에 등록된 카테고리, 목표 금액, 프로젝트 기간, 현재 상황을 볼 수 있습니다. 응원·체험 리뷰 등록 수, 새소식 댓글 수, 지지서명 참여 수 등 서포터들의 참여도 역시 한눈에 볼 수 있습니다.

알아가기

'앵콜 요청' 현황

펀딩이 종료된 후, 서포터를 포함한 와디즈 회원이 프로젝트에 접속하여 앵콜을 요청할 수 있습니다. 따라서 앵콜 요청한 서포터 현황은 펀딩이 종료된 후에 확인 가능합니다.

② 펀딩 현황 그래프로 분석하기

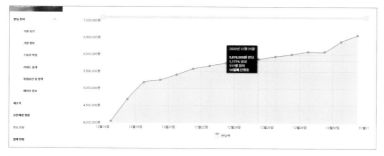

스크롤바를 내리면 일별 또는 누적 일별 펀딩액 그래프를 볼 수 있습니다. 그래프에 마우스 포인터를 대면 해당 날짜와 며칠째에 몇 퍼센트를 달성했는지, 몇 명이 참여했는지를 알 수 있습니다.

③ 프로젝트 유입 데이터 분석

알아가기

프로젝트 유입 데이터 분석

요일에 따른 유입 분석이 가능하여, 어떤 요일에 유입률이 높은지, 프로젝트 페이지에 평균 체류 시간은 어느 정도 되는지를 알 수 있습니다.

| '프로젝트 유입 데이터 분석'에서는 분석하고 싶은 기간을 설정하여 확인할 수 있습니다.

④ 경로별 행동 정보

알아가기

경로별 펀딩 및 행동 정보는 유료 서비스지만(수수료 2%), 아직까지 무료로 확인할 수 있습니다. (2021년 4월 기준)

경로별 펀딩정보 　**경로별 행동 정보**

아래 리스트 측정항목 중 '펀딩금액'은 기간별 실제 펀딩금액을 Google Analytics의 '펀딩 비중' 데이터로 나누어 계산된 값이며 기간, 경로 수, 전체 펀딩금액과 같은 모수에 따라 오차범위가 클 수 있으니 이점 감안하여 경향성 파악을 위한 용도로만 사용할 것을 권장합니다.

No.	유입경로	평균 페이지뷰	신규유입비율	평균 체류시간	이탈률	방문자 수	펀당 전환율
1	와디즈 직접 유입	6.1	55.4%	4분 36초	0%	258명	3.49%
2	지지서명(리워드)	1.66	55.8%	25초	1.3%	77명	3.9%
3	페이스북 자연유입(모바일)	2.03	69.8%	49초	0%	63명	1.59%
4	오픈예정 알림 신청자	6.46	28.6%	5분 51초	0%	28명	25%
5	와디즈 앱 푸시 프로모션	4.18	0%	3분 10초	0%	11명	9.09%
6	rw_criteo / display	5.89	0%	7분 33초	0%	9명	0%
7	와디즈 카카오톡	2.25	0%	1분 30초	0%	8명	0%
8	rwm_facebook / conversion	1.86	0%	1분 10초	0%	7명	0%
9	wadizshare_in / url	4.2	0%	54초	0%	5명	0%
10	kakao/maker_MOVIE	21.5	25%	34분 51초	0%	4명	0%

| '경로별 행동 정보'를 통해 어느 채널을 통해 서포터들이 펀딩 프로젝트로 유입되었는지 알 수 있습니다. 총 몇 명이 해당 채널을 통해 접속했고, 펀딩 전환율은 어느 정도 되는지 구글 애널리틱스로 분석한 값입니다. 펀딩 기간, 경로의 숫자 등에 따라 오차 범위가 클 수 있어 경향성 파악을 위한 용도로만 활용할 것을 권장한다고 합니다.

⑤ 성별 및 연령대별 유입 비중

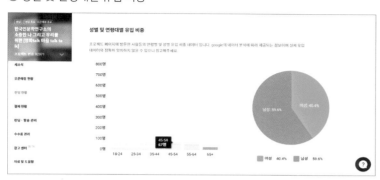

성별과 연령대별로 펀딩 프로젝트 유입률을 볼 수 있습니다. 모든 데이터 분석은 구글의 데이터 분석을 기반으로 제공되어 실제 유입 데이터와 다를 수 있지만, 펀딩이 종료된 후에도 타깃을 설정하거나 마케팅할 때 효과적으로 활용 가능합니다.

⑥ 유입경로 추적을 위한 URL 생성

프로젝트 페이지 홍보를 위해 링크마다 별도로 코드를 표기한 후, 해당 코드로 펀딩을 진행하면 보다 정확한 유입경로 분석이 가능합니다.

어떤 채널을 통해 홍보를 진행할 것인지 선택하여 URL 생성

예를 들어 카카오톡에 홍보하고자 할 때, 링크 생성을 위해 [Kakao]를 선택한 후 [상세]에 식별 가능한 문구를 작성하면 URL이 생성됩니다. 하단의 [URL 복사]를 클릭하여 카카오톡으로 연결된 서포터들에게 홍보 메시지를 보낼 수 있습니다.

타깃 설정 마케팅 예시

페이스북에서 많이 볼 수 있는 광고입니다. 이렇게 명확한 타깃층의 많은 사람들에게 노출되어 보이는 광고비는 만만치 않으니, 자사 SNS와 와디즈 새소식을 활용하여 마케팅을 진행할 수 있습니다.

어느 채널에서 유입이 많이 되는지 알고 싶을 때

어느 채널에서 펀딩 페이지로의 유입이 많은지 알고 싶을 때는 URL 생성기를 활용합니다. URL은 채널별로 만들 수 있고, 같은 채널에서 여러 개 만들어서 사용할 수도 있습니다.
(ex. 페이스북 개인 계정에 올렸을 때 홍보 효과가 있을지, 페이스북 페이지에 올렸을 때 홍보 효과가 있을지 구체적으로 알고 싶을 때 활용 가능)

와디즈 결제 및 정산 프로세스

꿀TIP

와디즈 리워드 정산 안내

■ 와디즈 정산 프로세스

서포터로부터 결제가 이루어지고 결제된 금액을 정산받기까지의 과정입니다. 펀딩인 만큼 결제 방식이 온라인 쇼핑과는 다릅니다. 정산이 시작되면 정산 안내와 함께 정산내역서가 발송되며, 정산내역서는 두 차례에 나뉘어 발송됩니다.

와디즈 결제부터 정산까지
서포터는 펀딩 기간 동안 '결제 예약' 진행
펀딩 종료 후 다음 날부터 4일간 결제 진행
최종 결제 후 약 10일 이내 1차 정산(이메일 확인 필수)
리워드 배송과 펀딩금 반환이 모두 완료된 후, 최종 펀딩 금액 확정
약 5일 이내 정산 완료

꿀TIP

2021년 5월 변경된 수수료 정책 및 와디즈 요금제

■ 결제 이후 수수료 제외되어 정산금 입금

수수료는 기본 중개 수수료 + 카드결제 대행 수수료 = 9%(VAT 별도)입니다. 리워드가 제공되지 않는 기부, 후원 카테고리 프로젝트는 기본 중개 수수료 2%, 카드결제(PG 등) 대행 수수료 2.4% 입니다. (정책에 따라 변경될 수 있습니다.) 모든 부가세는 별도입니다.

■ 정산금 세금 신고는 필수

와디즈 플랫폼에서 정산금을 지급받은 개인, 개인사업자, 법인은 모두 법인세법, 소득세법, 부가가치세법 등 관계 법령에 따라 세금 신고 및 납부를 진행해야 합니다. (비영리 단체 포함)

■ 결제 현황 확인하기

펀딩 종료 후 결제 현황을 확인할 수 있습니다. 결제는 펀딩이 종료된 다음 날부터 진행됩니다. 결제 과정 중 서포터가 등록한 카드의 잔액이 부족하거나 기타 결제 오류로 인해 결제가 실패되는 경우가 있어 총 4일에 걸쳐 4번의 결제 시도(결제된 건은 제외)가 이루어집니다. 4회에 걸쳐 결제되기 전에 100% 결제 완료되면 최종 결제일이 앞당겨집니다.

알아가기

서포터 주의 사항

결제 예약은 모두 일시불로 진행되며 와디즈 플랫폼에 별도 할부 선택이 불가능합니다. 할부 전환을 원할 경우에는 결제 후 카드사에 할부 결제로 전환 요청을 해야 합니다.

■ 결제 완료 후 정산 진행

모든 결제가 완료된 후, 정산내역서는 1차(바로정산)와 2차(최종정산)로 나뉘어 두 번 받게 됩니다. 정산금 지급 신청을 할 때는 '바로정산 내역서'를 다운로드하여 내역서를 바탕으로 지급신청서를 작성합니다.

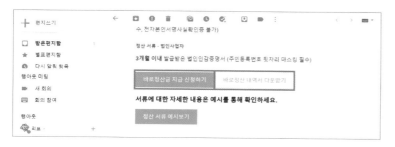

알아가기

정산 서류 준비하기

① **개인:** 3개월 이내 발급받은 개인인감증명서 또는 본인서명 사실확인서
② **개인사업자:** 3개월 이내 발급받은 개인인감증명서 또는 본인서명사실확인서
③ **법인사업자:** 3개월 이내에 발급받은 법인인감증명서

※ 모든 주민등록번호는 뒷자리 마스킹 처리하여 제출합니다.
※ 공동 대표자일 경우 모든 대표자의 인감 증명서를 제출해야 합니다.

한눈에 보는 정산 일정 (예시)

① 펀딩 종료일: 12월 31일
② 결제 시작일: 1월 4일
(영업일 기준으로 결제 진행)
③ 바로정산금 신청: 1월 11일
(메일이 도착한 후 신청 가능하며 카톡으로 알림 메시지 도착)

리워드 발송: 1월 11일

④ 바로정산금 입금: 1월 13일
⑤ 최종정산금 신청: 2월 2일
⑥ 최종정산금 입금: 2월 4일

※ 실제로 진행되었던 날짜이며, 정산금은 영업일 기준으로 진행되므로 차이가 있을 수 있습니다.

배송 일정에 따라 최종정산금 입금 날짜 변동

모든 배송이 완료된 후, 펀딩 반환 정책에 따라 반환 기간이 종료된 후에 최종정산금 입금이 이루어집니다.
(반환 기간 약 1달)

■ 정산금 신청하기

다운로드한 정산내역서를 바탕으로 정산금 신청서를 작성합니다. '바로정산'과 '최종정산'의 신청 프로세스는 동일합니다.

바로정산 내역서

바로정산금 신청하기

최종정산 내역서

최종정산금 신청하기

■ 바로정산금과 최종정산금 금액

1) 1천만 원 미만의 펀딩금 달성 시: 바로정산금 80%, 최종정산금 20%
2) 1천만 원 이상의 펀딩금 달성 시: 바로정산금 60%, 최종정산금 40%

■ 기획전 참여로 수수료 혜택을 받은 사례

디자인 굿즈 기획전 참가: 메인타이틀은 '디자인 굿즈'이지만 시각디자인에 포함되는 모든 분야에 참여할 수 있었습니다.

BEHIND

해당 내용은 2021년 5월 수수료 정책 바뀌기 이전 진행된 펀딩 내용으로 수수료가 소폭 다를 수 있습니다.

기본 수수료					
플랫폼 수수료 7%	오픈예정 서비스 3%	PG사 수수료 2.4%	수수료 VAT 1.24%	=	총 13.64%

수수료 혜택 [참여했던 기획전 기준]					
플랫폼 수수료 3.5%	오픈예정 서비스 1.5%	PG사 수수료 2.4%	수수료 VAT 0.74%	=	총 8.14%

수수료에 대한 VAT 포함 총 5.5%의 수수료 혜택!

※ 기획전은 아래 이미지의 [더보기] ▶ [이벤트]에서 확인 가능합니다.

펀딩 · 발송 관리

주의 사항

① 발송번호 ≠ 펀딩번호

② 서포터의 자료를 리워드 발송 목적 외 활용 금지(개인정보 보호법 가이드 확인 필수)

■ 펀딩내역 확인 및 발송

펀딩이 종료된 후, 리워드 발송을 위해 펀딩 참여자의 정보를 볼 수 있습니다. 입력된 정보를 바탕으로 리워드 발송을 진행하고, 발송한 후 완료된 정보를 기입해야 합니다.

리워드 발송하기 및 주의 사항
펀딩 내역을 다운로드한 후, 내역을 바탕으로 리워드 발송
발송 완료 후 발송 확인을 위한 자료를 입력하고 와디즈 등록
서포터 정보는 리워드 발송 목적 외 활용 금지

① 펀딩 내역 확인하기

펀딩이 종료된 후, '펀딩·발송 관리' 카테고리에서 [펀딩 내역 리스트 보기]를 클릭하면 펀딩 참여자 정보를 확인할 수 있습니다.

② 메이커 인증번호 발급받기

발급된 인증번호는 이메일에 그대로 보관하거나 메모장에 보관 후 사용합니다. (분실 시 동일한 방법으로 재발급 가능합니다.)

'서포터 정보 조회' 창에 메이커 인증번호를 입력한 후 상세 정보 조회가 가능합니다. 인증번호는 등록된 메이커의 이메일로 발급 또는 재발급할 수 있습니다.

③ 펀딩·발송 관리 카테고리

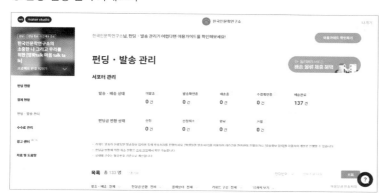

메이커 인증번호를 입력한 후 현재의 발송·배송 현황 및 펀딩금 반환 상태를 볼 수 있습니다. 리워드 발송 후 와디즈에 운송장 등록까지 마치면 와디즈에서 '미발송-발송 확인 중-배송 중-수령 확인 중-배송 완료' 순서로 진행 절차를 확인합니다. 잘못 입력된 정보는 다시 재등록해야 합니다. 와디즈에서 발송 시작이 확인되면 서포터에게 알림톡으로 배송이 시작되었다는 알림과 함께 기업 정보를 전송해줍니다.

④ 발송 정보를 다운로드하여 발송 진행

알아가기

택배사를 통해 발송한 때는 택배사에서 발송 정보를 다운로드하여 와디즈 양식에 맞게 수정해 발송 정보를 등록합니다.

페이지 하단에 [참여자 정보 다운로드], [결제·발송 정보 다운로드]가 있습니다. 발송 정보를 다운로드하여 서포터의 성함, 연락처, 리워드 보낼 주소(또는 이메일, SMS 등)를 확인한 후 발송을 진행합니다.

⑤ 발송 정보 입력하기

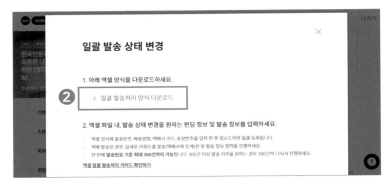

발송 수량이 적을 때는 발송 정보를 직접 입력해도 좋지만, 엑셀에 입력하여 등록하면 훨씬
빠르게 내용을 등록할 수 있습니다. ④번 이미지에 있는 ❶ [엑셀 일괄 발송처리]를 클릭해
❷ 일괄 발송처리 양식을 다운로드하여 정보를 입력한 후 운송장을 등록합니다.

알아가기

**정보를 올바르게 입력했음에도
불구하고 발송 오류나 미발송
처리되는 경우**

택배사에 등록을 진행하고 운송
장번호는 나왔지만 아직 출고
대기 중인 경우 발송 여부가 확
인되지 않아 미발송 처리되기도
합니다. 이럴 때는 [미발송 정보
다운로드]를 진행하여 해당 정
보만 다시 입력 후 제출합니다.

⑥ 주어진 양식에 맞게 입력한 후 파일 업로드 진행

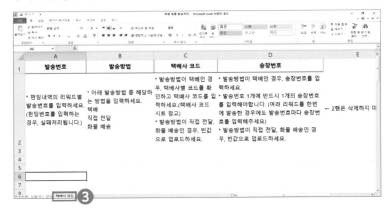

발송번호(펀딩번호 아님), 발송 방법, 택배사 코드, 송장번호를 입력합니다. 이때 발송 방
법이 직접 전달이거나 화물배송, SMS, 이메일 전달일 경우, 택배사 코드와 송장번호는 빈
값으로 업로드합니다. 택배사 코드는 ❸ 택배사 코드 시트에서 확인 가능합니다.

⑦ 입력 정보가 다를 경우

3. 정보를 입력한 파일을 다시 업로드하세요.

＋파일 업로드

xls, xlsx 파일 1개만 업로드 가능
파일 명 임의 저장 가능

📎 **엑셀 일괄 발송처리_영화카드.xlsx** 14.9KB ×

업로드 한 파일에 처리 요청 불가한 건이 1건 있습니다.
처리 요청 불가 건을 확인하고 파일을 다시 업로드하세요.

처리 요청 불가 1건

행	발송번호	발송정보	오류항목 ⓘ
3	415644	08	발송번호,발송방법 오류

취소   **일괄 발송 처리**

> 제출하려고 등록했는데 입력 정보가 다르면 확인 메시지가 뜹니다. (ex. 발송번호가 맞지 않거나 정해진 수식에 다른 값을 입력했을 경우) 정상 값을 입력한 후, [일괄 발송 처리]가 활성화되면 클릭합니다.

⑧ 발송 처리 완료 후 새소식 작성

> '리워드 발송' 안내에 대한 새소식을 작성합니다. 이전에는 펀딩번호에 따른 운송장 번호를 새소식에 모두 게시해야했지만, 현재는 개인정보보호법에 의해 해당 정보는 새소식에 등록이 어려우며, 서포터 개개인이 확인할 수 있도록 시스템이 변경되었습니다.

알아가기

엑셀 일괄 발송 처리 기능으로 최대 300건까지 한 번에 등록할 수 있습니다. 300건 이상일 경우 300건 단위로 나누어 파일을 등록합니다.

CHAPTER 08

와디즈 이용 가능 서비스에 대하여

공간와디즈

■ 서포터와 고객을 만날 수 있는 공간

공간와디즈는 현재 진행 중인 펀딩이나 성공적으로 종료된 프로젝트의 리워드를 전시 및 판매할 수 있는 오프라인 공간을 말합니다. 월 5~7천 명이 찾아오는 공간에 펀딩 중인 제품을 실제로 전시·판매하므로 낮은 비용으로 효과적인 홍보가 가능합니다. 와디즈에서 찾아오는 서포터들을 직접 응대해주기 때문에 메이커가 상주하지 않아도 됩니다.

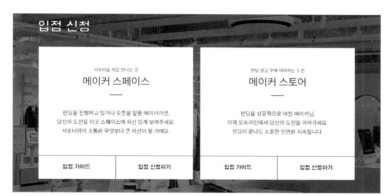

알아가기

공간와디즈에 전시 중인 펀딩 아이템은 아래 이미지처럼 펀딩 페이지 상단에 표기되어 있습니다.

꿀TIP

공간와디즈 둘러보기

■ 펀딩 중인 아이템을 전시하기 위한 비용

1) **일반전시**: 벽장(80×30cm) 또는 테이블(80×40cm)에 진열하여 펀딩 소개 POP 및 전시

알아가기

공간와디즈에 관한 모든 내용은 변경될 수 있습니다. (2021년 4월 기준)

> 2주 전시: 30만 원(VAT 별도)으로 2주 단위 계약 가능
>
> 시식회는 6시간 기준 30만 원(VAT 별도)
>
> 취소 위약금 있음(전시 15일 전 취소 시 위약금 미발생)

2) **기획전시**: 일정 면적을 단독으로 사용하여 전시

※ 펀딩 준비 중, 미리 일정을 잡아 입점 신청을 진행합니다.

와디즈 스쿨 · 캐스트

와디즈 스쿨 웹페이지

와디즈 스쿨 유튜브 페이지

와디즈 캐스트 웹페이지

■ 마케팅 공부와 펀딩 전략, 시장 분석까지 가능한 와디즈 스쿨

와디즈 스쿨에서는 약 3,000여 개의 펀딩 사례를 연구하고 분석한 결과를 바탕으로 예비 메이커에게 온·오프라인 교육 서비스를 제공합니다. 대부분의 교육은 무료로 수강할 수 있습니다.

■ 궁금증 해결과 새로운 뉴스를 제공하는 와디즈 캐스트

와디즈 캐스트에서는 와디즈의 새소식과 펀딩을 위한 다양한 메이커 팁을 볼 수 있습니다. 또한 캐스트 검색창에 알고 싶은 정보의 키워드를 검색하면 관련 정보를 얻을 수 있습니다. (ex. '스토리'를 검색하면 스토리 작성 팁, 돋보이는 스토리의 예시 등의 자료를 볼 수 있습니다.)

펀딩메이트

■ 스토리 작성, 촬영 등 함께할 파트너가 필요할 때

펀딩메이트는 펀딩을 위해 필요한 업무를 도와줄 수 있는 파트너들을 말합니다. 사진, 영상, 촬영, 편집, 디자인, 마케팅, 컨설팅 등 다양한 업체가 펀딩메이트로 등록되어 있으며, 펀딩메이트의 배너를 클릭하면 포트폴리오와 함께 진행했던 펀딩 페이지를 볼 수 있습니다. 비용 안내도 상세하게 되어 있어서 미리 예산을 계획해볼 수 있습니다.

꿀TIP

펀딩메이트 웹페이지

광고센터

■ 와디즈 페이지 내에서 홍보가 이루어지는 광고센터

와디즈에서 펀딩 진행을 하면 구글 애널리틱스를 기반으로 자체 광고를 집행하므로 외부 홍보가 자동으로 이루어집니다. 그 외에 와디즈에 유입되는 서포터들의 이목을 집중시키기 위해 상위 노출이 가능한 광고센터를 부가 서비스로 운영 중입니다.

알아가기

광고센터 이용 기준

프로젝트 요건 확인 승인 이후 (콘텐츠 확인 전) 광고를 만들 수 있습니다.

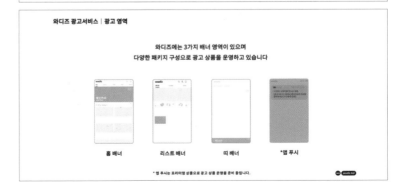

스타트업 등록하기

■ 투자 유치 또는 기업 홍보를 위한 스타트업 등록

주로 '리워드 크라우드 펀딩'에 대해서만 소개하고 있지만, 와디즈 플랫폼에서는 '투자형 크라우드 펀딩'도 진행되고 있습니다. 그만큼 VC, 엑셀러레이터 등 투자 자들도 주목하는 와디즈 플랫폼에 '스타트업 찾기'라는 서비스가 생겼습니다. 스 타트업 등록 후 기업 소개를 올려놓으면, 해당 분야와 기업에 관심 있는 투자자가 소개 내용을 검토한 후 IR 자료를 요청할 수 있습니다.

꿀TIP

스타트업 등록하기

memo

본문의 TIP 알아두기

`CHECK` 펀딩을 준비할 때 미리 점검해둘 체크리스트입니다.

`꿀TIP` 펀딩을 위한 필수 요소는 아니지만 참고할 만한 팁과 노하우입니다.

`알아가기` 알고 있으면 도움이 될 참고 자료로, 본문의 내용을 보충 설명하고 있습니다.

`BEHIND` 펀딩을 진행하면서 겪었던 비하인드 스토리, 아쉬웠던 점, 개선 방향 등을 소개합니다.

`메이킹 스토리` 제품이 만들어지는 과정을 알 수 있습니다.

`펀딩 스토리` 펀딩 페이지 작성을 위해 무엇을 준비했는지를 담았습니다.

※ '와디즈 리워드 크라우드 펀딩'을 줄여서 '펀딩'으로 표기하겠습니다.

와디즈 리워드 크라우드 펀딩

크라우드 펀딩할

제품도
없으신 분 ②

오경철, 황란, 김한울 지음

BM (주)도서출판 성안당

contents

| CHAPTER 01 | 취미키트 제작부터 펀딩까지 |

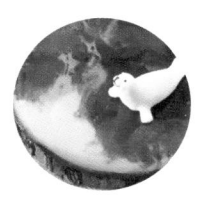

CHAPTER 02 교구(카드) 제작부터 펀딩까지

CHAPTER 03 ｜ 의약외품(화장품) 제작부터 펀딩까지

와디즈 리워드 크라우드 펀딩

크라우드 펀딩할
'제품도 없으신 분'

☑ 아이디어 실현화를 어떻게 했는가?

☑ 기존 사업 아이템을 시대 흐름에 어떻게 적용했는가?

☑ 제품 제작부터 펀딩까지 모든 과정을 통해
   시행착오를 줄이고 간접 경험 가능!

CHAPTER 01

취미키트 제작부터 펀딩까지

■ 봉구아트의 펀딩 – 나 혼자 제작부터 펀딩까지

본 챕터는 실제 펀딩을 바탕으로 '나 혼자 제품 제작부터 펀딩까지 한다'는 가정하에 작성되었습니다. 이 내용을 통해 1인 기업이 어떤 과정을 거쳐 펀딩을 진행하는지 알 수 있습니다.

봉구아트 소개: 봉구아트의 봉 작가는 조소를 전공한 후, 플루이드 아트 작가(artist)로 활동 중입니다. 백화점, 문화홀 전시회에 10회 이상 참여했습니다. 현재 공방에서 작품을 만들어 판매하고 있으며, 원데이 클래스도 진행하고 있습니다. 예술과 사업을 함께 펼쳐나가고 싶은 봉 작가. 매출을 높이기 위해 새로운 아이디어로 사업을 시작하려 합니다.

본문의 TIP 알아두기

CHECK 펀딩을 준비할 때 미리 점검해둘 체크리스트입니다.
꿀TIP 펀딩을 위한 필수 요소는 아니지만 참고할 만한 팁과 노하우입니다.
알아가기 알고 있으면 도움이 될 참고 자료로, 본문의 내용을 보충 설명하고 있습니다.
BEHIND 펀딩을 진행하면서 겪었던 비하인드 스토리, 아쉬웠던 점, 개선 방향 등을 소개합니다.
메이킹 스토리 제품이 만들어지는 과정을 알 수 있습니다.
펀딩 스토리 펀딩 페이지 작성을 위해 무엇을 준비했는지를 담았습니다.

※ '와디즈 리워드 크라우드 펀딩'을 줄여서 '펀딩'으로 표기하겠습니다.

사업성
점검

키트를 제작하는 목적

지금 이 펀딩을 하는 이유

기업 상황 점검

키트를 제작하는 목적

■ 제품 또는 서비스 제작 전, 필수 아이디어 단계

1) 이 제품(혹은 서비스)을 왜 만드는가?
2) 누구를 위해 만드는가?

□ 기존 제품과 차별화된 부분이 있는가?

□ 나만 필요한 제품은 아닌가?

□ 많은 사람이 활용 가능한가?

□ 예상 수요 분석을 했는가?

봉구아트의 '바다아트키트' 제작 이유
제품을 완성해서 판매하면 시간이 많이 소요됨
제작을 위한 인건비로 인해 제품 가격이 상승할 수 있음
미술 키트, 보석십자수 등의 제품을 통해 아이디어 착안
많은 수량을 빠르게 판매할 수 있음
많은 사람들의 경험을 유도하여 시장 확대 가능

Q 제품의 수요는 어느 정도가 될까요?
나만 좋아하는, 내가 팔고 싶기만 한 제품은 아닌가요?

A 플루이드 아트 및 레진아트 원데이 클래스를 진행한 후 수강생들의 만족도가 높았고, 생각보다 만들기 쉬워서 집에서도 해보고 싶다고 먼저 말씀하시는 분의 비율이 높았습니다. '키트가 있으면 집에서도 해보시겠어요?'라는 설문조사에도 10명 중 9명이 '그렇다'라고 답변한 것을 토대로 일단 시작해보고자 했습니다.

BEHIND

이번에 진행할 플루이드 아트 키트의 콘셉트를 '바다'로 잡았습니다. 보고 있으면 답답한 마음이 뻥 뚫리는 바다. 코로나19로 여행에 제한이 있는 만큼, 탁 트인 시원한 바다를 집에서도 느낄 수 있도록 파도의 물결 모양을 직접 만들어보며 즐거운 시간을 보낼 수 있도록 하는 것이 '바다아트키트'의 제작 목적입니다.

지금 이 펀딩을 하는 이유

CHECK

급속도로 변화하는 시대를 빠르게 감지해야 합니다. 현재 외식이나 공연 등 공유문화가 사라지고 캠핑과 같은 독립문화가 자리 잡고 있습니다. 따라서 우리가 만들고자 하는 제품, 서비스가 시대적으로 적합한지 여부를 확인해야 합니다.

☐ 현시대에 적합한가?

☐ 재구매가 이루어질 수 있는가?

☐ 시기가 적절하고, 계절성을 띠는가?

알아가기

집콕생활의 확산에 대해서는 20대 5명 중 3명이 부정적이었으며, 그 요인으로는 줄어든 활동량에 따른 '무기력함, 우울감'이 61.2%(복수 응답)로 가장 많았다. 원인은 여가 활동, 여행, 문화생활의 한계(38.5%)로 조사되었다.
– 〈글로벌 이코노믹〉 기사 中

BEHIND

레진아트가 보편화되지 않은 이유에는 비용 이외에도 색소 소분의 문제, 수요 여부 등 다양한 원인이 있습니다. 이번 펀딩을 준비하면서 차근차근 분석하고 보완해보려 합니다.

■ 지금 펀딩을 시작하는 이유

1) 코로나19로 오프라인 수업 문의가 줄고, 학교 출강은 모두 정지되었으며, 유동인구 자체가 감소하면서 새로운 판로의 필요성을 느꼈다.

2) 많은 사람들이 집에 있는 시간이 자연스럽게 증가하면서 지루함을 해소할 취미활동에 대한 수요가 높아졌다.

지금 펀딩을 시작하기 위해 필요한 것

바다아트키트의 제품 구성을 어떻게 할 것인가?

합리적인 가격을 어떻게 맞출 것인가?

비교적 사용량이 적은 색소의 소분 및 포장은 어떻게 할 것인가?

어떻게 많은 사람이 접할 수 있도록 하여 시장을 키울 것인가?

Q 유튜브에 레진아트 영상이 많습니다. 이처럼 인기 있는 레진아트가 왜 보석십자수나 그림 그리기 취미처럼 보편화되지 못했을까요?

A 다양한 이유가 있겠지만 레진아트가 다른 미술 취미에 비해 보편화되지 못했던 큰 이유 중 하나가 비용 문제라고 생각합니다. 주로 보석 가공, 치아에 쓰는 레진은 비교적 재료비가 높아 이를 펀딩에서 어떻게 풀어갈지 고민 중입니다.

기업 상황 점검

■ 현재 기업(봉구아트) 상황 정리

1) 가용자금(예산): 300~500만 원
2) 필요한 외주 업무: 사진 및 영상 촬영, 디자인 요소 제작
3) 과업: 바다아트키트의 콘셉트 결정, 재료 주문, 포장 아이디어

업무 우선순위 정리

바다아트키트의 콘셉트 정하기

콘셉트에 맞는 재료 확보를 위해 시장 조사하기

사진 촬영 및 디자인 업체 조사와 결정하기

포장 아이디어 구상하기

키트 제작하기

Q 추후 키트 판매 경로는 어떻게 할 예정인가요?

A 와디즈 크라우드 펀딩을 진행한 후, 스마트 스토어에 작품과 키트를 함께 판매할 예정입니다. 우선 펀딩을 통해 그동안 비싼 가격 때문에 레진아트 시장이 확장되지 못했던 것인지, 아니면 다른 이유가 있는 것인지 시장 분석을 하고 정확한 수요를 알고 싶습니다.

키트
제작 과정

봉구아트의 바다아트키트

키트 콘셉트 방향 설정
촬영 및 디자인 작업
메이킹 스토리 키트 제작 착수

키트 콘셉트 방향 설정

■ 바다아트키트 아이디어 후보 리스트

1) 원목 나무에 티코스터 형태로 만들기(난이도 下) 선택
2) 시계: 실생활에 활용 가능(난이도 中)
3) 도마 플레이트: 일명 '먹스타그램' 하는 이들을 위한 플레이팅용 도마
   (난이도 中)

바다아트키트 구성 아이디어 정리
티코스터 크기의 원목에 체험 버전으로 구성하기
레진과 색소 잉크를 소분하여 제공하기
나무 위에 바다 느낌 표현하기
조개, 등대, 배, 물개 등의 장식 제공하기
사진과 영상으로 된 사용설명서 제공하기

Q '레진아트 체험 버전'이란 무엇인가요?

A 레진아트가 아직은 대중에게 생소한 것이 사실입니다. 이번 제품이 봉구아트의 첫 키트이기도 하고요. 그래서 이번에는 퀄리티 높은 작품을 만들어보는 키트보다는 레진아트를 쉽게 체험할 수 있는 버전으로 준비해서 많은 사람들이 레진아트를 경험할 수 있게 하려고 합니다.

촬영 및 디자인 작업

BEHIND

그동안 디자인 및 촬영 관련 경험이 거의 없었습니다. 따라서 외주 업체를 찾을 때는 한 번에 여러 곳에 문의할 수 있는 '숨고' 플랫폼에서 업체를 알아보았고, 여러 문의부터 가격 비교까지 수월하게 진행할 수 있었습니다.

■ 촬영 및 디자인 외주 업체 찾기

1) 요즘 핫한 숨고에서 찾아본다.
2) 현재 지원사업을 통해 경영컨설팅을 받고 있다. 해당 기업에서 촬영 및 디자인 업무까지 진행한다고 하여 그곳에서도 견적을 받아보려고 한다. (선택)

꿀TIP

숨고는 '숨은 고수'라는 의미로 사이트에서 원하는 서비스를 안내에 따라 입력하면 여러 업체로부터 견적을 받을 수 있습니다. (숨고: soomgo.com)

펀딩을 시작하기 위해 계획할 것

어떤 콘셉트로 촬영을 진행할 것인가?

영상 촬영은 무엇을 중점으로 할 것인가?

사진은 몇 컷 정도 필요한가?

원하는 스타일의 웹페이지 디자인이 있는가?

비용은 얼마가 마지노선인가?

Q 외주 업체와 일할 때 원하는 웹페이지 스타일, 촬영 방향은 어떻게 전달하는 게 좋을까요?

A 잘된 펀딩 사례나 같은 카테고리 제품의 상세 페이지를 벤치마킹하여, 원하는 스타일의 펀딩 페이지나 사진 등을 찾아 업체에 공유했습니다. 표절이 아닌, 내가 원하는 분위기를 연출하는 결과물이 나오기까지 가장 빠르고 효과적인 방법이었습니다. (수정하는 시간도 단축됩니다.)

메이킹 스토리
키트 제작 착수

■ 키트에 꼭 필요한 구성

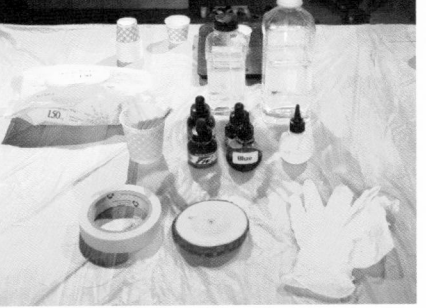

재료명	재료명
레진	
경화제	
짙은 파란색 색소	
파란색 색소	
흰색 색소	테스트
레진 섞을 종이컵	후 결정
나무막대	
원목 받침	
라텍스 장갑	
비닐	

원데이 클래스를 진행할 때 필요한 재료들을 선정하여 넣었습니다. 재료 제공량은 테스트 과정을 거쳐 필요한 만큼 정량화했습니다.

■ 키트 예시(완성 모습 및 테스트 과정)

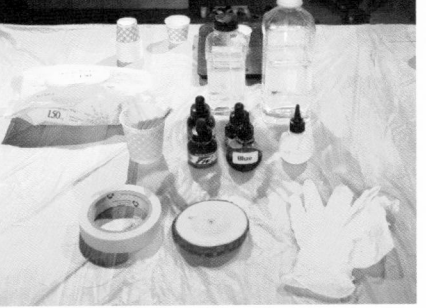

구성한 키트를 시범 테스트하는 과정을 통해 레진과 색소의 적정량, 종이컵 필요 수량, 제 작 소요 시간 등을 결정했습니다.

레진아트 작업을 할 때는 테이블 비닐을 펼쳐두고 약 1시간 30분을 만들어야 제품이 완성됩니다. 이때 레진을 굳히는 데에만 1시간이 소요되는 만큼, 흐름이 끊기는 문제점이 있었습니다. 이는 아이들과 함께할 때 특히 불리할 수 있는 문제점이어서 시간 단축을 위해 레진을 변경했습니다.

■ 키트 체험단 모집 후 공방에서 테스트

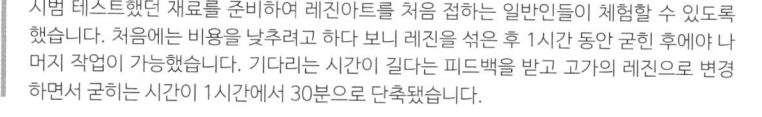

시범 테스트했던 재료를 준비하여 레진아트를 처음 접하는 일반인들이 체험할 수 있도록 했습니다. 처음에는 비용을 낮추려고 하다 보니 레진을 섞은 후 1시간 동안 굳힌 후에야 나머지 작업이 가능했습니다. 기다리는 시간이 길다는 피드백을 받고 고가의 레진으로 변경하면서 굳히는 시간이 1시간에서 30분으로 단축됐습니다.

■ 사용설명서와 키트 제공 후 체험단 혼자 테스트(1)

이 과정이 없었다면 설명서를 한 번 더 발송할 뻔했습니다. 레진아트 작업에 익숙한 사람의 눈높이에서 설명서가 작성되었기에 구체적인 부연 설명이 필요했습니다.

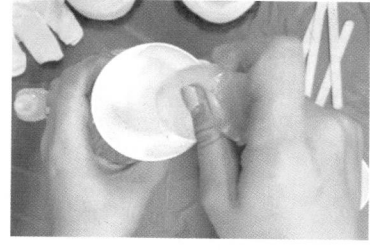
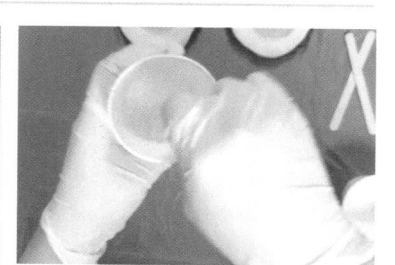

레진아트를 처음 접하는 체험단이 코칭 없이 설명서만 보면서 키트를 만들어보도록 했습니다. 초심자가 키트 제작을 할 때 걸리는 총 시간을 측정하고, 설명서에 문제가 없는지 검토하기 위해 이 과정을 거쳤습니다.

■ 사용설명서와 키트 제공 후 체험단 혼자 테스트(2)

▍ 체험단 혼자서 키트를 활용하여 만드는 과정과 키트를 굳혀 완성한 모습을 영상 촬영했습니다.

■ 키트와 함께 제공할 미니어처 및 재료 제공량 결정

 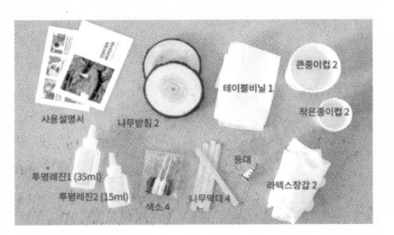

▍ 키트에 포함할 미니어처는 '방향'이란 의미를 담아 등대로 결정했습니다. 또한 5회의 테스
▍ 트를 거쳐 색소와 레진의 제공량까지 최종적으로 정했습니다.

CHECK

키트 테스트 과정에서 불편함은
없는지, 설명이 부족한 부분이
없는지 등을 꼼꼼히 확인합니다.

☐ 부족한 설명이 있는가?

☐ 재료는 충분한가?

☐ 만드는 중에 발생한 문제점은
　 없었는가?

☐ 제품 완성 이후에 발생한
　 문제점은 없었는가?

BEHIND

키트를 구성할 때 1개 만드는
분량을 소분하기에는 양이 매우
적고 오히려 스포이드 내부에
묻는 양이 더 많아져 손실률이
높아, 최소 펀딩 수량을 '2개=1
세트' 기준으로 정했습니다.

재료는 대량 구매하는 것이 저렴하지만 수요 예측이 어려웠습니다. 따라서 비용이 조금 높아도 필요한 수량에 맞는 최저가를 찾아가며 주문했습니다. 재고 부담과 초기 비용을 줄이기 위해서였습니다.

해외직구로 재료를 구매하면 자칫 배송 중 물건 체류 시간이 길어질 수 있으니, 배송 기간을 넉넉히 두고 주문해야 합니다.

재료 중에서 티코스터용 원목을 구매할 때가 가장 큰 문제였습니다. 준비하는 도중에 판매 단가가 올랐고, 수입에도 2~3개월 걸릴 것으로 예상되었습니다. 여러 업체에 전화한 끝에, 국내에 재고를 보유하고 있는 업체 한 곳을 찾았고, 펀딩 최대 목표 수량에 딱 맞게 구매했습니다. (부족하면 문제가 될 수 있는 재료라서 펀딩 최대 목표 수량에 맞춰서 주문했습니다.)

■ 키트 재료 구매

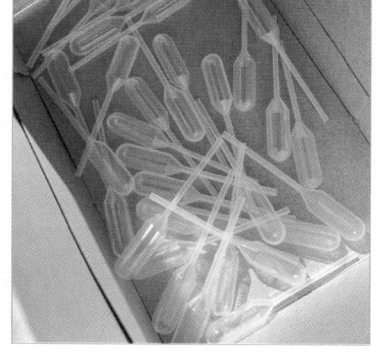
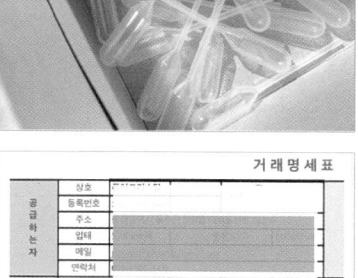

해외 직구, 쿠팡, 도매꾹, 다이소 등 여러 사이트를 통해 재료를 알아보고 최저가로 괜찮은 제품을 선택하여 구매했습니다. 구매한 곳보다 더 저렴한 업체가 있었지만, 최소 주문 단위가 높아 다른 곳을 이용했습니다. 레진은 기존의 거래 업체에서 구매했습니다. 실제로 사용되는 재료 비용뿐만 아니라 그 재료를 포장하는 비용도 만만치 않았습니다.

■ 키트 제작

키트 1세트에 들어가는 재료는 총 11가지입니다. 무엇하나 빠짐없이 넣기 위해서 벽면에 포장 재료가 나열된 사진을 붙여놓고, 똑같은 모양으로 맞춰서 포장을 진행했습니다.

크라우드 펀딩 과정

리워드 펀딩 준비하기

크라우드 펀딩 일정과 비용 정리

■ **펀딩 일정 계획하기**

11월

SUN	MON	TUE	WED	THU	FRI	SAT
1	2	3	4	5	6	7
8	9	10	11	12	13	14
15	16	17	18	19	20	21
22	23	24	25	26	27	28
29	30					

12월

SUN	MON	TUE	WED	THU	FRI	SAT
		1	2	3		
4	5	6	7	8	9	10
11	12	13	14	15	16	17
18	19	20	21	22	23	24
25	26	27	28	29	30	31

- 사진, 영상, 디자인 작업 기간
- 펀딩 스토리 페이지 작성 기간
- 펀딩 피드백 기간
- 오픈예정 서비스 기간
- 펀딩 피드백 기간 (제품 발송은 1월 중순 예정)

■ **재료비 및 외주 비용**(인건비, 포장비, 경비 제외로 실제 비용과 오차 있음)

재료비	180만 원(펀딩 전 구매 비용)
영상 촬영비	50만 원(3분 영상 촬영 및 편집, 디자인 2건)
사진 촬영비	100만 원(원본 50장, 보정 10장, GIF 10개)
디자인비	미정(홍보용 카드뉴스, 페이지에 필요한 디자인)
합계	330만 원(±100만 원 예상)

■ **할 일 계획하기**

11월	- 키트 포장, 스토리 짜기 - 촬영 진행 점검	12월	- 1주는 펀딩 오픈예정 광고 - 펀딩률에 따라 키트 포장하기

펀딩 스토리

펀딩은 처음이라 - 와디즈 학습

■ 와디즈 공부하기

꿀TIP ★★
컨설팅 업체의 추천으로 국내 크라우드 펀딩 시장의 80% 이상을 점유하고 있는 '와디즈'에서 펀딩을 진행하고자 결정했습니다.

와디즈 메인페이지 상단의 [더보기]를 클릭하면 [캐스트]라는 탭이 나옵니다. 페이지 오른쪽에서 검색을 통해 원하는 정보를 얻을 수 있으며, 펀딩 방법에 관한 정보도 확인할 수 있습니다.

■ 비슷하거나 내 마음을 움직였던 펀딩 프로젝트 참고하기

그래도 잘 모르겠다면 카테고리별로 내가 펀딩하려는 제품과 비슷한 펀딩 사례를 찾아 참고하면 좋습니다. 내 마음을 움직였던 펀딩 페이지나 표현을 응용하여 나의 리워드에 접목하여 작성하길 추천합니다. (다른 의미의 카피라이터…!)

스토리 작성을 위한 레이아웃 구성

펀딩 스토리

기재할 내용이 생각날 때마다 필기해놓고 빠짐없이 펀딩 페이지에 담길 수 있도록 확인합니다.

☐ 키트에 담은 가치

☐ 키트 만들 때 필요한 팁

☐ 고객 관점의 설명

☐ 배송 계획

■ 크라우드 펀딩 계획 일정

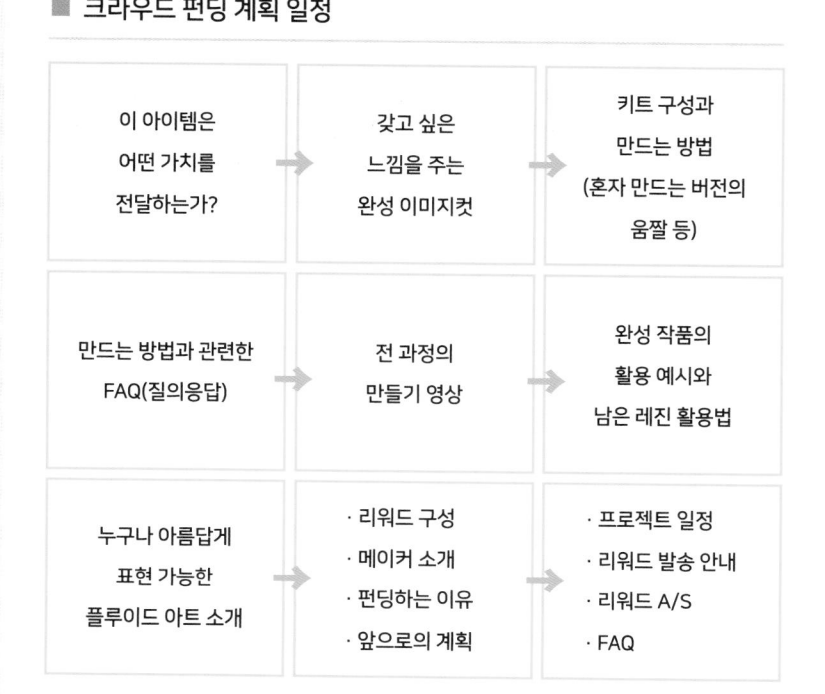

작성하고 싶은 내용을 각 타이틀에 맞게 쭉– 적어본 후, 순서를 배치했습니다. 위의 네모 칸 안의 순서 배치 그대로 펀딩 페이지에 작성할 예정입니다.

집에서 할 수 있는 취미생활은 은근히 많습니다. 그럼에도 이 키트가 주는 차별성은 무엇인지, 많은 사람이 원하는 가치 중에서 이 키트를 통해 전달할 수 있는 가치는 무엇인지를 파악하여 어필하는 스토리 전략이 필요했습니다.

[펀딩 스토리]

레이아웃 자료 취합

■ 봉구아트의 전시노트

[꿀TIP]

리워드와 관련된 이미지가 많이 준비되어 있을수록 스토리 내용과 연결되는 이미지를 선정하여 사용할 수 있습니다.

■ 키트 사업 계획 포트폴리오

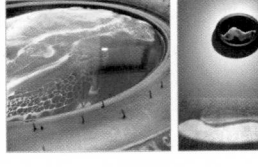

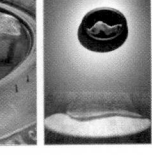

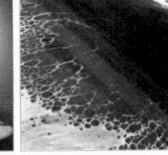

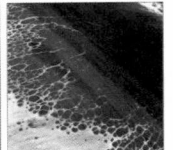

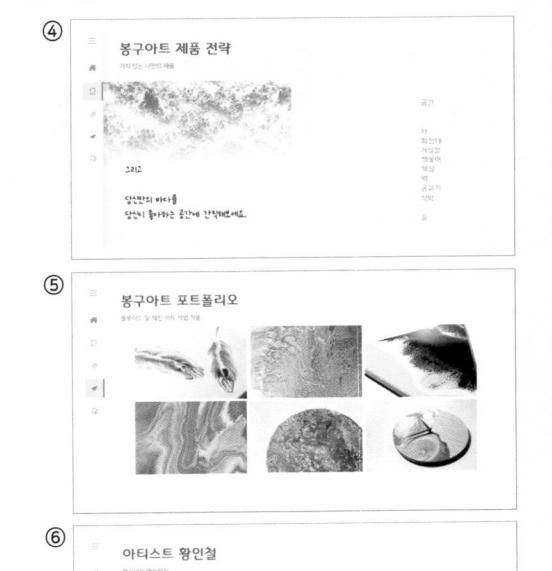

플루이드 아트에 대한 봉구아트의 사명감이 담긴 이번 키트를 시작으로 바다아트키트가 리워드를 통해 앞으로 어떤 가치를 전달할 수 있을지 정리한 자료입니다.

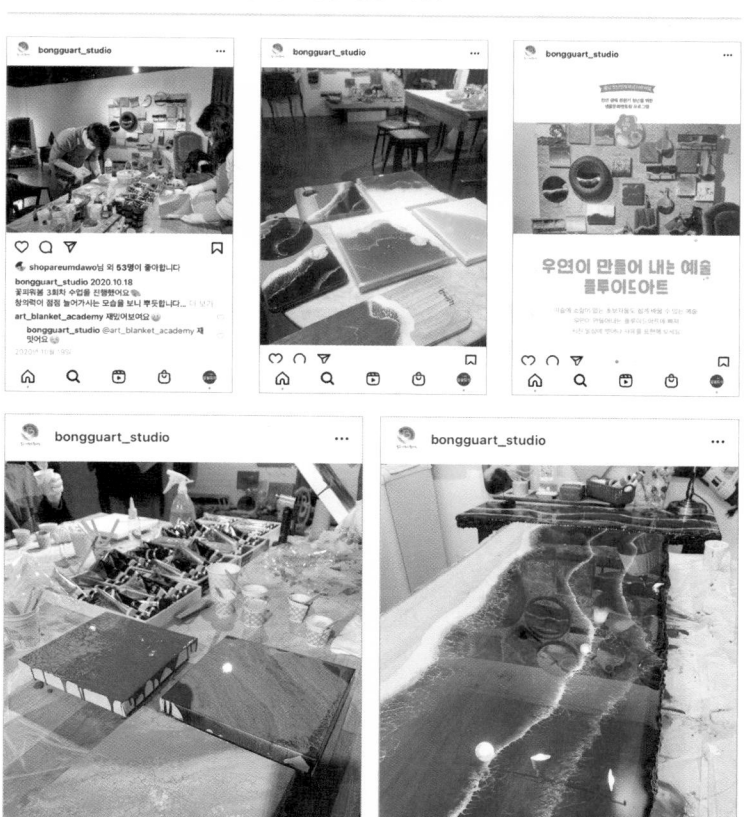

CHECK
자료 점검하기

☐ 이미 확보된 고객 후기

☐ 각종 인증 서류

☐ 포트폴리오

☐ 자격증 및 수상, 전시 경력

■ 봉구아트의 원데이 클래스 및 작품 사진

봉구아트의 플루이드 아트, 레진아트 수업 후에 완성된 작품, 그리고 공방에 전시된 작품 사진입니다. 펀딩을 통해 온라인 시장에서 처음 선보이는 만큼, 봉구아트를 어필할 수 있는 작품 이력과 가치관 등을 보여야겠다고 생각했습니다.

사진 및 영상 촬영

■ 키트 만드는 방법 촬영

사진 촬영 전 계획하기

스토리 콘셉트 및 내용과 연결되는 사진을 촬영하기 위해 미리 어떤 이미지를 촬영할지 계획한 후 촬영을 진행합니다.
사진은 많이 찍을수록 좋습니다. 스토리를 작성하다 보면 놓친 장면 때문에 다시 작업해야 하는 경우가 발생합니다. 실제로 이번 펀딩을 위해 재촬영을 1회 진행했습니다. 한 번에 끝낼 수 있었는데 재촬영을 하면서 시간과 재료가 더 소모되었습니다.

키트 만드는 과정 전체를 영상 촬영했습니다. 총 2대의 카메라를 사용했으며, 1대의 카메라는 고정하고, 다른 1대는 유동성 있게 움직이며 필요한 각도에 따라 촬영을 진행했습니다.

■ 키트 구성 사진 촬영

키트 1세트 기준으로 어떤 재료가 몇 개씩 포장되어 있는지 촬영한 사진입니다.

■ 완성품 사진 촬영

사진 촬영 배경 선정

'집콕키트'인 만큼, 집에서 소품, 장식으로 활용한 다양한 사진을 찍었습니다. 제품의 목적에 맞게 실제 인테리어 소품으로 다양하게 적용할 수 있도록 유의하며 사진 촬영을 진행했습니다.

■ 완성품의 다양한 활용 예시 사진 촬영

키트로 완성한 작품 사진을 촬영했습니다. 실생활에서 다양하게 활용 가능한 모습을 보여주는 데 중점을 두었습니다.

■ 체험 후기 영상 촬영

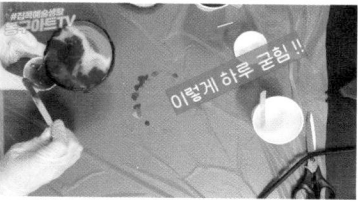

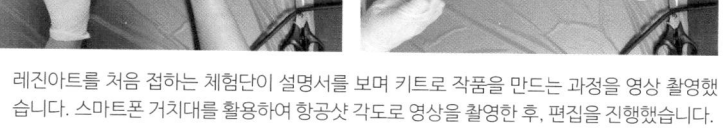

레진아트를 처음 접하는 체험단이 설명서를 보며 키트로 작품을 만드는 과정을 영상 촬영했습니다. 스마트폰 거치대를 활용하여 항공샷 각도로 영상을 촬영한 후, 편집을 진행했습니다.

펀딩 페이지 스토리 작성

■ 어떤 가치를 줄 것인가?

작은 일탈을 선물하는 바다아트키트입니다. 바라만 보고 있어도 속이 시원해지는 바다를 이미지화하여, 일상의 지루함에서 벗어날 수 있는 작은 일탈과 즐거움을 드리고자 하는 마음을 담았습니다.

■ 갖고 싶은 완성품 이미지 촬영

잘 만들어진 완성품이 돋보일 수 있도록 배경을 깔끔하게 정돈하고, 함께 촬영하는 소품은 최소화하여 리워드에 시선이 집중될 수 있도록 했습니다.

꿀TIP

제품 이미지가 아닌 사진이 필요할 때, 무료 이미지 사이트 (2021년 6월 기준)를 활용할 수 있습니다.

상업적 이용이 가능한 무료 이미지 사이트
- 픽스히얼
- 픽사베이
- 얼라우투
- 언스플래쉬
- 스톡업
- 파인더어포토
- 픽점보
- giphy(움짤 사이트)

상업적 이용이 가능한 무료 폰트 사이트
- 구글폰트
- 네이버폰트
- 눈누폰트
- 공유마당

촬영은 비용 절감을 위해 스튜
디오가 아닌 집과 카페에서 진
행했습니다. 만드는 과정은 집
에서, 키트 구성은 방문한 카페
에 양해를 구하고 잠시(1시간
이내) 펼쳐놓고 촬영을 진행했
습니다.

■ 키트 구성과 만드는 방법 작성

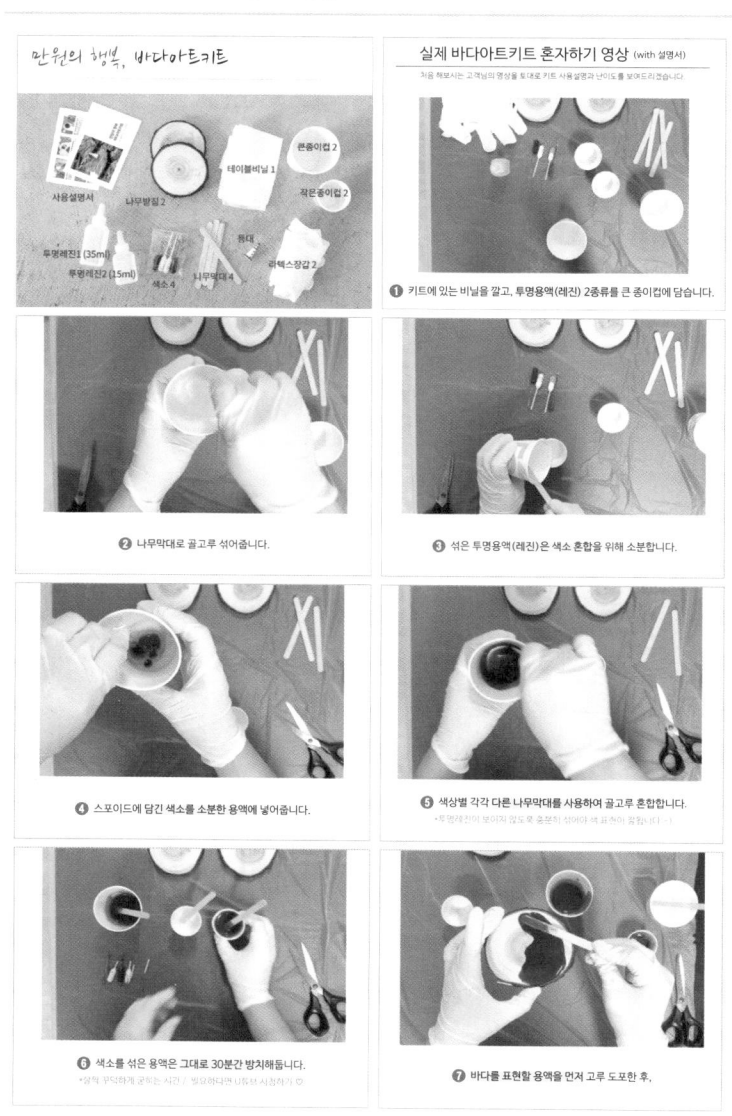

만원의 행복, 바다아트키트

사용설명서　나무받침 2　테이블비닐 1　콘종이컵 2　작은종이컵 2
투명레진1 (35ml)　투명레진2 (15ml)　색소 4　나무막대 4　면대　라텍스장갑 2

실제 바다아트키트 혼자하기 영상 (with 설명서)

처음 해보시는 고객님의 영상을 토대로 키트 사용설명과 난이도를 보여드리겠습니다.

❶ 키트에 있는 비닐을 깔고, 투명용액(레진) 2종류를 큰 종이컵에 담습니다.

❷ 나무막대로 골고루 섞어줍니다.

❸ 섞은 투명용액(레진)은 색소 혼합을 위해 소분합니다.

❹ 스포이드에 담긴 색소를 소분한 용액에 넣어줍니다.

❺ 색상별 각각 다른 나무막대를 사용하여 골고루 혼합합니다.

❻ 색소를 섞은 용액은 그대로 30분간 방치해둡니다.

❼ 바다를 표현할 용액을 먼저 고루 도포한 후,

모든 과정은 스마트폰으로 촬영 진행하고, 영상 편집에는 '키네마스터(kinemaster)' 앱
을 사용하였습니다.

■ FAQ(질의응답) 기재

FAQ를 잘 활용하면 같은 질문에 같은 답변을 하는 수고로움을 줄일 수 있습니다.

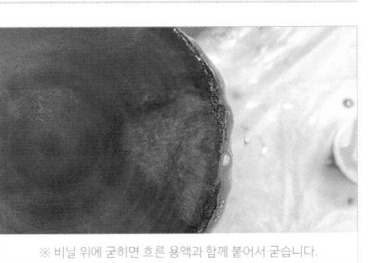

※ 흐르는 용액은 나무막대로 긁어 제거해주셔야 굳은 후 바닥에 놓았을 때 기울어지지 않습니다.

※ 비닐 위에 굳히면 흐른 용액과 함께 붙어서 굳습니다. 제거를 원하시면 떼어낸 후 해당 부분을 가위로 잘라낼 수 있습니다.
※ 시간이 오래 지나면 레진이 딱딱하게 굳어 24시간 지나고 살짝 부드러운 상태에서 바로 잘라내셔야 합니다.

Q. 30분 경과된 레진의 농도는 어느 정도가 적당한가요?

A. 아래 이미지 정도의 농도는 위의 완성품 정도의 연출이 가능합니다(실온에서 30분 경과). 색상 구별이 조금 더 또렷하게 표현되길 원하시면, 레진을 15분 정도(총 45분 방치) 두었다가 사용하면 좋습니다. 혼합된 레진을 너무 오래 방치해 두면 굳어서 연출이 어려울 수 있으므로, 섞어놓은 후, 1시간 이내에 사용하시길 바랍니다.

FAQ는 레진아트를 처음 경험하는 사람들이 궁금할 수 있는 내용을 질의응답 형태로 적어주었습니다.

■ 만드는 방법 전체 영상 업로드

와디즈에서 영상은 링크로만 삽입할 수 있습니다(영상 파일 업로드 불가). 유튜브에 영상을 먼저 올린 후 해당 링크에 연결하면, 페이지에서 영상을 보기 편리하고 조회수도 늘릴 수 있는 효과를 기대할 수 있으므로 잘 활용하면 브랜드 마케팅에 큰 도움이 됩니다.

유튜브에 올린 영상 링크를 스토리에 삽입하면, 왼쪽 사진처럼 페이지에서 클릭해 바로 재생할 수 있습니다. (페이지 이동 없이 해당 페이지에서 재생 가능)

바다아트키트는 만드는 과정에
서 느끼는 재미와 새로운 경험
에 초점을 두어 실용성은 낮은
편입니다. 그래서 다양한 예시
활용 사진을 보며 '작품을 이렇
게도 활용할 수 있겠구나'를 느
끼고 '한번 만들어보고 싶다'는
생각이 들 수 있도록 신경을 써
서 촬영했습니다. 타깃은 관련
취미에 관심 있는 사람에 한정
했습니다.

■ 완성품의 다양한 활용 예시

키트를 완성하고 24시간 완벽히 굳힌 후, 작품을 인테리어에 활용한 예시 사진입니다. (①
티코스터, ② 액세서리 플레이트, ③ 방향제 받침대, ④ 피규어 거치대)

■ 원데이 클래스 수강 후기로 보는 플루이드 아트

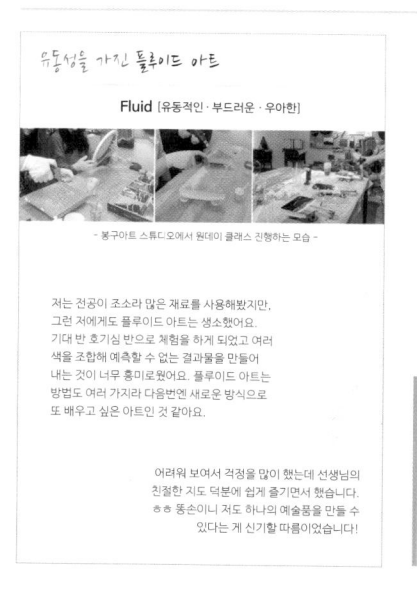

플루이드 아트는 레진아트를 포함하는
것으로, 유동성 있는 물질을 이용하여 만
든 모든 작품을 의미합니다. 이 아트 기
법은 만들 때마다 다르게 연출되는 매력
을 가지고 있어, 누구나 자신만의 개성
적인 작품을 쉽게 만들며 즐길 수 있다는
점을 후기를 통해서도 알 수 있습니다.

■ 리워드 구성

리워드 구성

#바다아트키트 1SET 기준 리워드 구성

사용설명서 1장/나무받침 2개/테이블비닐 1장/큰종이컵 2개
작은종이컵 2개/등대 1개/나무막대 4개/짙은파랑 색소 1개
파랑색소 1개/흰색소 2개/투명레진 2개/라텍스장갑 2개

* 등대(미니어처)는 다른 제품으로 변경될 수 있습니다. 변경 시, 새 소식으로 안내드리겠습니다. :-)

리워드를 구성할 때는 펀딩에 일찍 참여하지 않으면 좋은 혜택을 놓칠 것 같다는 느낌을 줄수록 초기 펀딩 참여율이 높아질 수 있습니다. 인기 상품에 이목이 더 집중되듯이, 초기 펀딩률이 높아야 더 많은 사람들의 유입을 유도할 수 있기 때문입니다.

리워드 구성: 리워드 구성은 혜택이 높은 순서대로 정렬합니다(권장 사항). 바다아트키트 리워드 구성은 선착순 30세트 한정 40% 혜택가로 올렸습니다.

■ 메이커 소개, 펀딩 목적, 앞으로의 계획

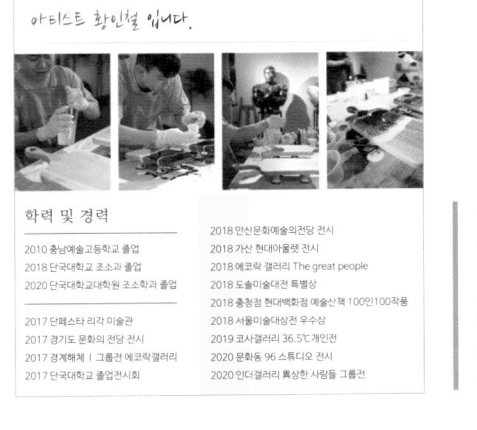

아티스트 황인철 입니다.

학력 및 경력

2010 충남예술고등학교 졸업
2018 단국대학교 조소과 졸업
2020 단국대학교대학원 조소학과 졸업

2017 단페스타 리각 미술관
2017 경기도 문화의 전당 전시
2017 경계해체 | 그룹전 에코락갤러리
2017 단국대학교 졸업전시회

2018 안산문화예술의전당 전시
2018 가산 현대아울렛 전시
2018 에코락 갤러리 The great people
2018 도올미술대전 특별상
2018 충청점 현대백화점 예술산책 100인100작품
2018 서울미술대상전 우수상
2019 코사갤러리 36.5℃개인전
2020 문화동 96 스튜디오 전시
2020 인더갤러리 특상한 사람들 그룹전

정직하고 충실한 메이커 소개는 서포터들에게 신뢰감을 줄 수 있습니다. 이력 사항을 올리기 위해서는 페이지에 게시된 모든 내용을 검증할 수 있는 자료(사실 증명)를 제출해야 펀딩 페이지에 정보를 기재할 수 있습니다.

[봉구아트]의 '봉구'는 제가 가장 존경하는 아버지의 존함을 담은 브랜드 이름입니다. 아버지께서 제게 주신 영향력 만큼 Artist로써 다양한 예술작품을 통해, 많은 사람들에게 좋은 영향력을 드리는 것이 저의 이념입니다. 유동적인 플루이드 아트를 통해 자유로움을 만끽해보는 예술을 경험해보셨으면 좋겠습니다.

나의 등대, 와디즈 펀딩

와디즈 펀딩을 통해 처음으로 봉구아트의 #집콕아트키트 [바다아트키트]를 선보입니다. '예술'이라는 분야를 더 많은 사람들이 쉽게 접해 볼 수 있도록 구성해 보았습니다.

[나의 등대, 와디즈펀딩]의 의미는 이번 펀딩으로 플루이드[레진] 아트에 대한 수요 분석 및 서포터들의 피드백을 통해 앞으로 봉구아트가 가야할 방향을 명확하게 설계해보려 합니다. 플루이드(레진) 아트의 가장 쉬운 과정인 [바다아트키트]를 직접 해보신 후, 서포터님들의 다양한 피드백을 통해 실용성 있는, 실제 생활 인테리어에 활용도 높은 제품 구성으로 선보일 예정입니다. (ex. 폰케이스 아트키트/벽시계 아트키트)

> 와디즈에서 펀딩 프로젝트를 진행하는 이유, 앞으로의 사업 계획 및 방향을 설명할 때는 메이커 소개와 자연스럽게 연결하여 작성하는 방식이 좋습니다.

■ 프로젝트 일정

프로젝트 일정

09.02	12.14	12.31	01.01	01.11
아이디어 구상	펀딩시작	펀딩종료	결제기간	배송시작

배송은 하루 300개 단위로 순차 배송되며, 배송 시작은 가입해 주신 연락처를 통해 공유드립니다.

- 아이디어 구상 시점 : 2020년 09월 02일
- **와디즈 펀딩 마감일 : 2020년 12월 31일**
- 리워드 제작 시작일 : 2020년 12월 10일
- 리워드 발송 시작일 : 2021년 01월 11일

> 프로젝트 일정에 아이디어 구상 시점, 펀딩 마감일, 리워드 제작 시작일, 발송 시작일을 기재하게 되어 있습니다. 펀딩 종료일과 발송 시작일은 하루의 오차도 없이 정확히 기재해야 합니다.

꿀TIP

배송 마감 날짜는 정확히 기록하지 않는 것이 좋습니다. 부득이하게 늦어지더라도 서포터들과의 약속을 지키지 못하면 만족도와 신뢰가 떨어질 수 있기 때문입니다. 따라서 발송 일정은 최대한 여유 있게 기재하고 발송 시작 날짜만 페이지에 명시합니다. (ex. 1월 10일부터 순차 배송)

■ 리워드 발송 안내

리워드 발송 안내

- 발송 택배사 : 한진택배
- 발송 일정 : 01월 11일부터(1일 최대 300개씩 순차 발송)
- 도서/산간지역 발송 안내 : 추가 비용 3,000원
  (→ 리워드에서 '응원하기'를 선택해 주세요:-)
- 문의 채널 : bongguart@naver.com
- 유선 채널 : 041-415-0092(응대가능시간 : 10:00~16:00)
- 인스타그램 : bongguart_studio

> 일일 배송이 최대 몇 개까지 가능한지 예상 수량을 적어줍니다. 리워드 발송이 늦어지면 서포터는 메이커에게 펀딩금 반환 요청을 할 수 있습니다.

와디즈의 피드백

■ 1차 와디즈 피드백

꿀TIP

와디즈에서 피드백이 오면 질문에 대한 답변 또는 요구 사항을 빠르게 준비해서 보내야 원하는 펀딩 일정에 최대한 맞춰서 오픈할 수 있습니다. 시간을 끌거나 자료가 준비되지 않아 제출이 늦어질 경우, 계획한 일정보다 오픈이 늦어질 가능성이 높아집니다.

질문사항3

리워드 필수 서류 및 스토리 사실 확인을 위해 아래의 서류를 요청드리오니 확인하신 후 [기본요건] 페이지 Q3 하단<리워드 종류 및 제작형태>에 업로드 부탁드립니다. 부득이하게 용량이 초과된 경우, **rewardmaster+Ed@wadiz.kr**로 전달 부탁드립니다.

▶ **메이커님의 기획/개발 내용을 확인할 수 있는 패턴지 혹은 작업지시서 혹은 도면**

→ 전달해 주신 패턴지 혹은 작업지시서 등이 리워드의 제작을 위해 만들어진 서류임을 확인할 수 있어야 합니다.

첫 번째: 작성된 스토리 페이지, 펀딩 제품이 리워드 제작을 위해 만들어진 서류임을 확인해야 합니다. (포트폴리오와 제작 과정 영상 제출하기)

질문사항2

리워드가 오프라인, 타 크라우드 펀딩사, 자사 홈페이지를 포함한 다양한 온라인 플랫폼에서 유통되었거나, 유통 중이 아니신지요?

이미 판매, 유통 이력이 있는 제품은 프로젝트 오픈이 제한됩니다. 타 온라인 플랫폼에서 유통/판매 중인 제품과 본 프로젝트 리워드 간의 차이점이 있다면 자세하게 답변 부탁드립니다.

※ 답변해 주신 내용이 추후 사실이 아닌 것으로 확인될 경우, 최대 프로젝트 취소가 진행될 수 있음을 안내드립니다.

답변 2020-11-26

온, 오프라인 처음 판매, 첫 출시입니다:)

두 번째: 기존에 유통된 제품인지 여부를 재확인합니다.
만약 와디즈에서 펀딩한 이후 온라인에서 판매를 진행한 제품이라면 이후 앵콜펀딩은 불가능합니다. 단, 다른 신제품에 함께 부수적으로는 가능합니다.

▶ **(스토리에 작성하신) 전체 학력 및 경력을 확인할 수 있는 증빙자료면**

→ 해당 증빙자료가 없으신 경우, 하단의 답변란을 통해 말씀 부탁드립니다. 스토리 수정은 콘텐츠확인 단계에서 도움드릴 수 있도록 하겠습니다.

답변 2020-11-30

이메일로 드리겠습니다.

세 번째: 사실 확인 여부를 위해 페이지에 작성된 학력·경력을 증빙할 수 있는 자료를 각 항목별로 제출해야 합니다.

■ 2차 와디즈 피드백

[91514] [바다아트키트] 나를 위한 힐링 타임, 나만의 바다 만들기 #1시간

	내용		증빙서류명	확인 여부
카테고리	게임 • 취미			확인
리워드 품목 및 설계	**바다아트키트**	단독 구성 가능		확인
	등대 미니어쳐 (증정품)	단독 구성 가능		확인
제작형태	자체 제작			확인
제조사	봉구아트			확인
메이커	봉구아트		봉구아트스튜디오_스토리텔링_투인러브(제출용).pdf	확인
			봉구아트_작업영상_1.gif	확인
			봉구아트_작업영상_2.gif	확인
리워드 핵심 포인트	플루이드 아트로 제작하는 바다 아트 키트			확인
스토리 증빙 서류	스토리에 작성된 학력 및 경력			확인
배송 일정	1월 중순			확인
19세 제한 대상	X			

※ 콘텐츠 확인 시 요건에서 확인되지 않은 리워드의 제작 상태 및 기(효)능 등의 내용은 작성 불가함을 안내드립니다.

와디즈 심사팀에서 요청한 서류를 제출하면 제출한 서류가 최종 확인되었는지 여부를 왼쪽 표처럼 정리해서 전달해줍니다.

■ 총 5회의 피드백

추가질문사항 전체 보기

질문 요청일 2020-12-04 ∨

질문 요청일 2020-12-03 ∨

질문 요청일 2020-12-02 ∨

질문 요청일 2020-11-30 ∨

질문 요청일 2020-11-26 ∨

wadiz
필수 확인사항

운영정책상, 최종 승인 이후 수정은 불가합니다.
피드백 반영 및 프로젝트 제출 전 잘못 기재된 부분이 없는지 반드시 확인해 주세요.

- 단순 오탈자
- 목표금액
- 프로젝트 종료일
- 리워드 구성, 수량, 가격
- 홍보를 위한 콘텐츠 추가 (이벤트/달성률 등)
- 가독성을 위한 디자인 추가 및 변경

메이커님 직접 수정 가능 항목 [기본정보] 대표이미지 [스토리작성] 소개사진/영상 [메이커정보] 메이커 기본정보

수정 사항 외에도 안내문 확인까지 총 5번의 피드백을 거쳐 오픈 승인되었습니다.

새소식과 이벤트

■ 새소식을 위한 카드뉴스 디자인

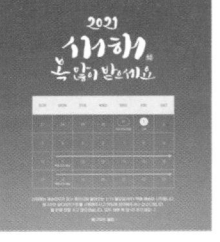

> 달성률에 따른 감사 인사 혹은 이벤트 소식, 현재 준비 상황 등을 제품을 지지해준 서포터들에게 공유합니다.

꿀TIP ★★

새소식을 올리면 펀딩에 참여한 서포터와 '좋아요'를 누른 사람 모두에게 '알림'으로 소식이 전달됩니다. 소통을 중요시하는 채널인 만큼, 수시로 변화하는 펀딩률에 반응하고 진행 상황을 공유하면서 신뢰를 형성합니다. 단, 펀딩과 관련 없는 광고성 페이지는 올리지 않는 것이 좋습니다.

■ 후기 이벤트

> **사진 설명:** 적절한 후기 이벤트는 서포터들의 후기를 유도할 수 있습니다. 봉구아트에서는 후기 이벤트로 커피 쿠폰 증정 이벤트를 진행하였습니다.

꿀TIP ★★

카드뉴스 등은 비교적 쉽게 디자인할 수 있습니다. 이번 펀딩을 위한 새소식 및 후기 이벤트를 위한 카드뉴스는 '미리캔버스'를 통해 디자인하였습니다. (미리캔버스: www.miricanvas.com)

제품 포장 및 발송

■ 키트 포장 및 발송

BEHIND

생각보다 일정이 너무 빠듯했습니다. 색소를 소분하고 개별 포장하는 데 상당한 시간이 소요되었기 때문입니다.

발송하는 과정에서 키트를 2세트 발송해야 할 곳에, 1세트만 보내는 실수도 있었습니다. 다행히도 발송 후 검토 과정에서 바로 알아차려서 해당 서포터에게 양해를 구하고 다음 날 누락분을 추가 발송할 수 있었습니다.

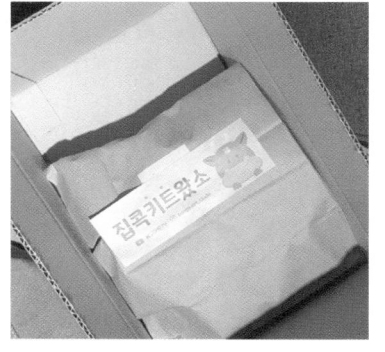

발송 작업은 이틀에 걸쳐 진행했습니다.
크라프트 봉투에 '집콕키트왔소' 문구를 넣은 스티커를 부착하여 포장했습니다. 스티커 디자인도 미리캔버스에서 진행했습니다.

펀딩이 끝난 이후

■ 경험과 소통으로 얻은 기회(1)

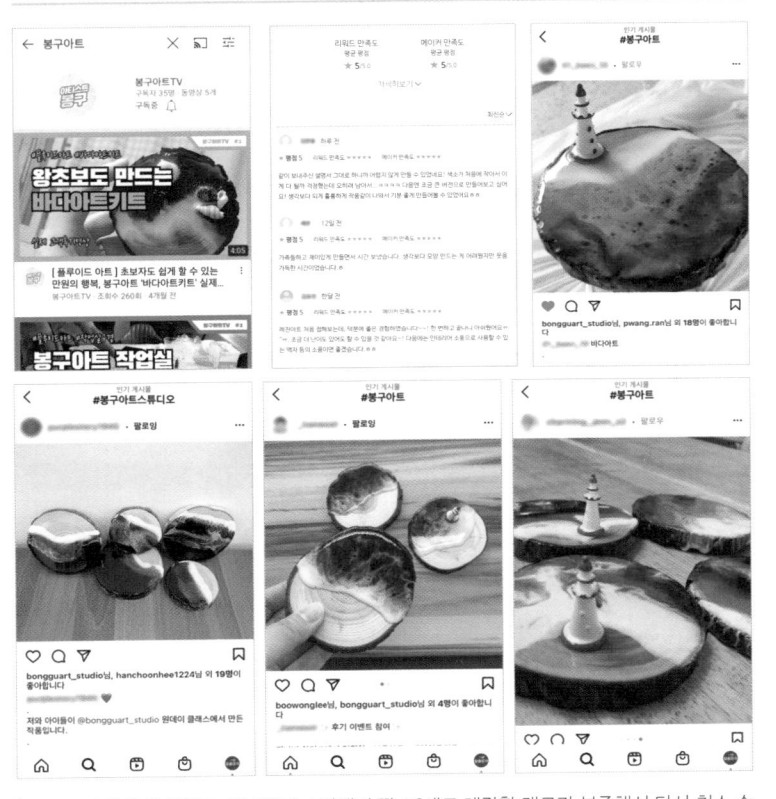

초도 수량을 발주하고, 준비했던 수량에서 딱 16세트 제작할 재료가 부족해서 다시 최소 수량만큼 주문(박스 200개, 식탁보 비닐 250매 등)해야 하는 상황이 생겼습니다. 펀딩 목표 수량만큼만 주문했던 원목의 추가 발주로 결국 재고를 안고 가게 되어 당장의 이득은 없었습니다. 하지만 펀딩을 진행하면서 준비했던 사진, 영상, 제품과 스토리를 이용해 정부 지원사업 및 K-스타트업 등의 지원 서류를 작성하기 수월했습니다. 덕분에 새로운 방향으로 제품을 판매할 수 있게 되었고, 펀딩 성공으로 앵콜펀딩을 할 수 있는 기회도 얻었습니다.

■ 경험과 소통으로 얻은 기회(2)

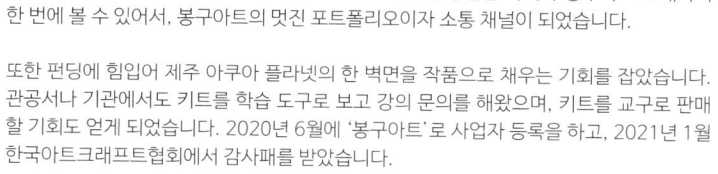

펀딩을 하기까지 비용이나 달성 등에 관한 많은 고민이 있었지만, 컨설팅을 받으며 아이디어를 얻을 수 있었고 마음만 먹으면 할 수 있는 상황이었기 때문에 일단 시작하였습니다. 덕분에 와디즈에서 '봉구아트'를 검색하면 키트에 대한 설명뿐만 아니라 봉구아트 소개까지 한 번에 볼 수 있어서, 봉구아트의 멋진 포트폴리오이자 소통 채널이 되었습니다.

또한 펀딩에 힘입어 제주 아쿠아 플라넷의 한 벽면을 작품으로 채우는 기회를 잡았습니다. 관공서나 기관에서도 키트를 학습 도구로 보고 강의 문의를 해왔으며, 키트를 교구로 판매할 기회도 얻게 되었습니다. 2020년 6월에 '봉구아트'로 사업자 등록을 하고, 2021년 1월 한국아트크래프트협회에서 감사패를 받았습니다.

키트 제작부터 펀딩까지 한눈에 보는 일정표

※ 원데이 클래스 및 기타 강의와 병행하며 준비했습니다.

2020년 6월
봉구아트 스튜디오 오픈

2020년 10월
충남문화진흥원에서
진행하는 프로그램으로
경영 컨설팅 진행

경영 컨설팅 받던 중,
키트 제작 아이디어를 얻고
펀딩 준비 시작
컨설팅 기간에 도움받기 위함

키트 제작 콘셉트 결정
키트 구성 방향 결정 및
테스트, 재료 주문 시작

촬영 업체 결정
디자인은 컨설팅 업체의
도움을 받음

2020년 11월 초
사진 및 영상 촬영,
디자인 작업,
펀딩 페이지 작성

2020년 12월 초
와디즈에
프로젝트 제출

오픈예정 서비스(7일간 오픈)
와디즈 피드백(총 6번)
와디즈 전자약정서 체결

2020년 12월 중
와디즈 펀딩
프로젝트 오픈

새소식 작성
새소식 총 5건 작성

2020년 12월 말
프로젝트 종료

2021년 1월 초
서포터들의 펀딩 결제 시작
종료일 다음 날부터
4일 동안 결제 진행

2021년 1월 중
리워드 배송 시작,
택배 포장 및 송장 부착 작업
이틀에 나누어 배송

배송 완료 관련
리워드 새소식 작성
새소식 총 5건 작성

와디즈 1차 정산금 신청

와디즈1차 정산금 입금
(80%)
정책에 따른 리워드 반환 기간이
종료된 후 나머지 입금 예정

2021년 2월 초
와디즈 2차 정산금 신청

와디즈2차 정산금
입금 완료(20%)

집콕취미키트 펀딩 페이지

CHAPTER 02

교구(카드) 제작부터 펀딩까지

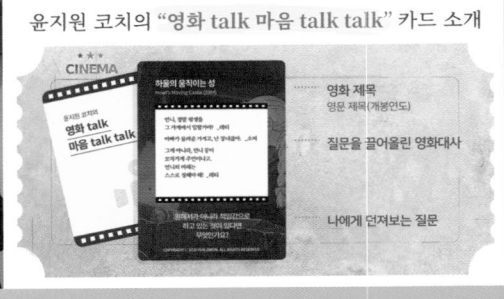

■ 윤 코치의 펀딩 – 나 혼자 제작부터 펀딩까지

본 챕터는 실제 펀딩을 바탕으로 '나 혼자 제품 제작부터 펀딩까지 한다'는 가정하에 작성되었습니다. 이 내용을 통해 1인 기업이 펀딩할 때 어떤 과정을 거쳐서 진행되는지 알 수 있습니다.

윤 코치 소개: 인문학 강의를 하는 윤 코치는 '영화를 통해 나를 발견하는 인문학'을 주제로 질문 카드를 만들려고 합니다. 카드의 목적은 스스로 질문하고 답변하면서 자아성찰의 시간을 가지는 것이며, 카드 속 질문을 다른 사람들과도 나누며 서로에 대해 깊이 있게 알아가기 위한 도구로 사용할 수 있습니다.

본문의 TIP 알아두기

CHECK 펀딩을 준비할 때 미리 점검해둘 체크리스트입니다.

꿀TIP 펀딩을 위한 필수 요소는 아니지만 참고할 만한 팁과 노하우입니다.

알아가기 알고 있으면 도움이 될 참고 자료로, 본문의 내용을 보충 설명하고 있습니다.

BEHIND 펀딩을 진행하면서 겪었던 비하인드 스토리, 아쉬웠던 점, 개선 방향 등을 소개합니다.

메이킹 스토리 제품이 만들어지는 과정을 알 수 있습니다.

펀딩 스토리 펀딩 페이지 작성을 위해 무엇을 준비했는지를 담았습니다.

※ '와디즈 리워드 크라우드 펀딩'을 줄여서 '펀딩'으로 표기하겠습니다.

사업성
점검

교구를 제작하는 목적

지금 이 펀딩을 하는 이유

기업 상황 점검

교구를 제작하는 목적

■ 제품 또는 서비스 제작 전, 필수 아이디어 단계

1) 이 제품(혹은 서비스)을 왜 만드는가?
2) 누구를 위한 것인가?

CHECK
다음은 사업을 위한 '필요성 점검 체크리스트(사업타당성 분석 중 일부)'입니다.

□ 기존 제품과 차별화된 부분이 있는가?
□ 나만 필요한 제품은 아닌가?
□ 많은 사람이 활용 가능한가?
□ 예상 수요 분석을 했는가?

윤 코치의 '영화카드(교구)' 제작 이유
강의할 때 교구 문의가 지속해서 있었음
교구 비용은 별도로 책정되므로 추가 매출 상승 기대
인문학 영화카드를 시작으로 심리상담까지 연결 가능
온라인 강의를 위한 소통의 도구로 활용
애플리케이션으로 사업 확장 준비기

Q 아이디어가 있었음에도 불구하고,
3년 동안 교구로 만들지 못했던 이유는 무엇인가요?

A 오프라인 강의로 바쁘게 보냈던 이유가 컸습니다. 그러면서 어떻게 디자인해서 교구 제작을 하는지, 카드 제작을 어떻게 하고, 포장 등을 어디서부터 알아봐야 하는지 알려주는 사람도 없고 막막했습니다. 그렇게 머릿속에서 아이디어로만 품고 있었습니다.

지금 이 펀딩을 하는 이유

CHECK

급속도로 변화하는 시대를 빠르게 감지해야 합니다. 현재 외식이나 공연 등 공유문화가 사라지고 캠핑과 같은 독립문화가 자리 잡고 있습니다. 따라서 우리가 만들고자 하는 제품, 서비스의 적합 여부를 반드시 확인해야 합니다.

☐ 현 시대에 적합한가?

☐ 가까운 미래에도 통용되는가?

☐ 어떻게 발전 가능한가?

■ 지금 펀딩을 시작하는 이유

1) 사회적 거리 두기로 대학, 학교, 시설 등 오프라인 강의가 멈춰 더는 미룰 수 없었다.

2) 언제 끝날지 모를 코로나19의 종식만 기다리는 것은 무리다. 이미 사람들은 코로나와 함께 살아가고 있으며, 현 상황에 맞는 생존 방법을 구축해야 한다.

교구 제작을 위한 윤 코치의 준비 목록

다양한 영화 인문학 주제 중 카드로 제작할 주제 선택하기

제작할 카드 사이즈 정하기(벤치마킹)

카드 디자인 및 인쇄 업체 조사하기

카드 케이스 제작 업체 알아보기

효과적인 Zoom 코칭을 위한 커리큘럼 구성하기

Q 교구로 제작되는 영화카드는 어떻게 활용되나요?

A 영화카드는 코칭 과정의 교재로 활용되며, 자아성찰의 도구로도 활용할 수 있도록 제작할 예정입니다.

기업 상황 점검

■ 현재 기업(윤 코치)의 상황 정리

1) 가용자금(예산): 300~500만 원
2) 외주 업무: 카드 디자인, 인쇄, 케이스 제작
3) 과업: 영화카드의 콘셉트(주제) 결정
　　　　디자인, 인쇄, 케이스 업체 선정
　　　　포장 아이디어(잠깐… 배송은?!)

CHECK

원하는 사업 방향에 맞춰 진행 가능한지 판단하기 위해 비용, 일정, 우선순위를 정리합니다.

☐ 교구 제작 예산 점검
☐ 교구 제작 일정 점검
☐ 업무 우선순위 세우기

업무 우선순위 정리

예산 범위 내에서 교구 만들기

예산을 맞추기 어렵다면 해결 방법 고민하기

영화카드 콘셉트를 선정하기

벤치마킹을 통해 카드 사이즈 결정하기

교구 제작 관련 일정 체크하기

Q 교구 제작에 크라우드 펀딩을 시도해보면 어떨까요? 펀딩 성공 이후 제품이 제작되므로 초기 비용을 확보할 수 있다고 합니다.

A 좋은 생각입니다! 제작비를 펀딩받으면 부담이 한결 덜해질 것 같습니다. (이때까지만 해도 펀딩 페이지를 작성해야 한다는 걸 미처 생각하지 못했습니다.)

교구
제작 과정

윤 코치의 영화카드

교구 콘셉트 방향 설정

디자인 및 제작 작업

메이킹 스토리 제작 업체 및 디자인 업체 조사

메이킹 스토리 제작 과정과 업체 선정

펀딩 일정과 제작비 확인

교구 콘셉트 방향 설정

■ 영화카드 콘셉트 후보 리스트

1) 영화의 주인공이나 다른 인물, 혹은
   감독 시선으로 보고 질문하는 인문학 카드
2) '세상에서 제일 소중한 나'를 알아가는 인문학 질문 카드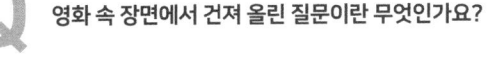
3) 모든 영화에 사용하는 공통 질문 카드

윤 코치의 카드 구성 아이디어

영화 속 장면에서 건져 올린 질문 100가지 선정

강의 시간을 준수하는 4가지 규칙 넣기

나의 명함 및 온라인 소통 채널 정보 넣기

표현하고 싶은 단어가 떠오르지 않을 때 참고 할 단어 카드 넣기

사용설명서 제공하기

 Q 영화 속 장면에서 건져 올린 질문이란 무엇인가요?

A 영화는 인물의 대사, 음향, 배경 등 다양한 요소로 이루어져 있는 종합예술입니다. 또한 예술의 영역을 뛰어넘어 사회 문화적 현상을 복합적으로 다루고 있지요. 그중 인물의 대사 속에서 나를 되돌아볼 수 있는 질문이나, 영화 장면들을 조합하여 만들어낸 질문을 의미합니다.

디자인 및 제작 작업

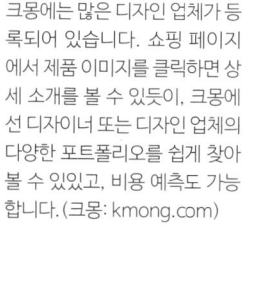

꿀TIP

크몽에는 많은 디자인 업체가 등록되어 있습니다. 쇼핑 페이지에서 제품 이미지를 클릭하면 상세 소개를 볼 수 있듯이, 크몽에선 디자이너 또는 디자인 업체의 다양한 포트폴리오를 쉽게 찾아볼 수 있고, 비용 예측도 가능합니다. (크몽: kmong.com)

■ 교구 디자인 업체, 제작 업체 찾기

1) 온라인 검색창에 '교구 디자인', '교구 제작'을 검색한다.
   (아무것도 나오지 않았다. 키워드를 잘못 선정한 것 같다.)
2) 네이버에 '카드 디자인', '카드 제작'을 검색한다.
3) '크몽'이라는 플랫폼 발견! 해당 플랫폼에서 콘셉트와 비슷한 느낌의 디자이너·디자인 업체를 찾는다. (선택)

교구 제작 문의 전, 준비 사항
카드와 케이스 사이즈 결정 우선
디자인: 문의 전, 필요 카드 수량 정하기
카드 인쇄: 제작을 원하는 용지와 그 두께(직접 보고 결정 가능)
케이스: 재질(종이박스, 틴케이스, 플라스틱 등에서 선택)
인쇄 및 케이스의 예상 제작 수량

Q 크몽에서 전문가에게 문의하는 방법이 궁금합니다.

A 메시지를 통해 크몽에서 상담과 견적을 받을 수 있으며, 작업 수정 횟수는 견적에 따라 1~3회까지 다양합니다.

▶ 크몽 메시지로 직접 상담하였습니다.

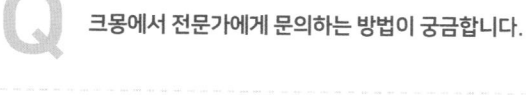

메이킹 스토리

제작 업체 및 디자인 업체 조사

■ 인쇄소 샘플 용지 비교

정확한 견적을 내고 원하는 품질의 교구를 제작하기 위해 샘플 용지를 먼저 요청해 확인합니다. 인쇄는 직접 샘플을 보며 실제 카드 용지는 어떤 느낌인지 비교·검토합니다.

■ 카드 케이스 제작을 위한 샘플 검토

종이박스, 틴케이스(알루미늄), 플라스틱 등 다양한 재질의 샘플과 실물 크기를 검토해보았습니다. (비용을 지불하면 대부분 업체에서 샘플 주문이 가능합니다.)

알아가기

인쇄소에서 샘플 용지를 구매할 수도 있고, 디자인 완료 후 비용을 지불하고 샘플 인쇄를 할 수도 있습니다.
샘플 주문은 인쇄소에 직접 가지 않아도 대부분의 온라인 인쇄소 사이트에서 1:1 문의를 통해 가능합니다.

인쇄 업체 리스트
- 성원애드피아
- 오프린트미
- 스냅스
- 레드프린팅
- 애즈랜드
- 비즈하우스
- 금강기획인쇄

케이스 제작 업체 리스트
- 화영제관
- 깡통가게
- 고려제관
- 레드프린팅

※ 온라인 검색창에서 업체명을 검색하면 해당 사이트에 접속할 수 있습니다.

제작 과정과 업체 선정

꿀TIP

케이스에 카드 크기가 애매하게 맞지 않으면 카드의 크기를 조정하는 방향이 비용적인 면에서 합리적입니다.

꿀TIP

케이스는 알루미늄 케이스에 스티커를 붙여서 제작하면 저렴하지만, 일일이 붙이는 시간이 많이 소요됩니다. 비용이 더 들어도 깔끔한 품질과 수작업으로 소모되는 시간을 줄이기 위해 그림을 케이스 표면에 레이저로 인쇄하는 방법을 선택했습니다.

■ 카드 사이즈 결정(105×75mm)

영화카드에는 글씨가 많아 큰 사이즈로 결정했으며, 시장에 있던 기존의 교구도 비교하여 결정에 참고했습니다.

■ 케이스 결정(110×80mm)

종이박스는 훼손이 비교적 빠를 것 같아서 틴케이스로 결정했습니다.
기존에 없던 새로운 사이즈로 케이스를 제작하면 비용이 훨씬 높아지므로 이미 제작된 사이즈를 활용했습니다.

■ 카드 재질 및 제작 수량 결정

카드 용지는 저렴하면서 두께감이 있는 것을 사용했고, 무광코팅을 해서 생활방수가 가능하게 했습니다. 카드 수량은 최소 제작 수량에 맞춰 1,000세트 제작했습니다.

펀딩 일정 및 제작비 확인

■ 펀딩 일정 계획

10월

■■■ 카드 디자인 기간

11월

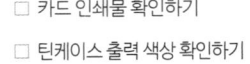

■■■ 틴케이스 레이저 출력 기간
(케이스 업체 일정이 꽉 차서 원하는 제작
일정보다 늦게 진행됨)

카드 제작 기간
(케이스 작업이 완료되어야 카드를 소분하
는 작업이 가능하여 일정이 함께 미뤄짐)

CHECK

외주로 맡긴 제작이 일정에 맞게 진행되는지 중간 점검을 합니다.

☐ 디자인 현황은 일정 간격으로 확인하기

☐ 카드 인쇄물 확인하기

☐ 틴케이스 출력 색상 확인하기

■ 교구 제작 비용(실제 비용과 오차 있음)

카드 디자인	180만 원[카드 64장(동일 디자인 문구 변경 50장)]
카드 인쇄	180만 원(64장×1,000세트)
카드 소분	132만 원(카드를 각각 분류해서 케이스에 담는 작업)
틴케이스	260만 원(카드 수량에 맞춰 1,000개)
합계	752만 원

BEHIND

예산의 꼬박 2배는 넘을 것 같습니다. 선주문(펀딩) 후 제작해도 최소 주문량이 높아서 재고는 안고 가게 될 것으로 보입니다.
원하는 곳에서 제작 또는 디자인을 진행하려면 업체의 스케줄도 고려해야 합니다. (가격과 품질을 고려하여 업체 선택)

■ 할 일 계획하기

11월	카드 제작 완료
12월	한 달간 펀딩 오픈

| 1월 | • 1월 초: 카드 발송
• 1월 중순: 카드 발송 후 일주일 이내 Zoom 강의 |

크라우드 펀딩 과정

리워드 펀딩 준비하기

펀딩은 처음이라 - 와디즈 학습

■ 크라우드 펀딩 플랫폼 선정

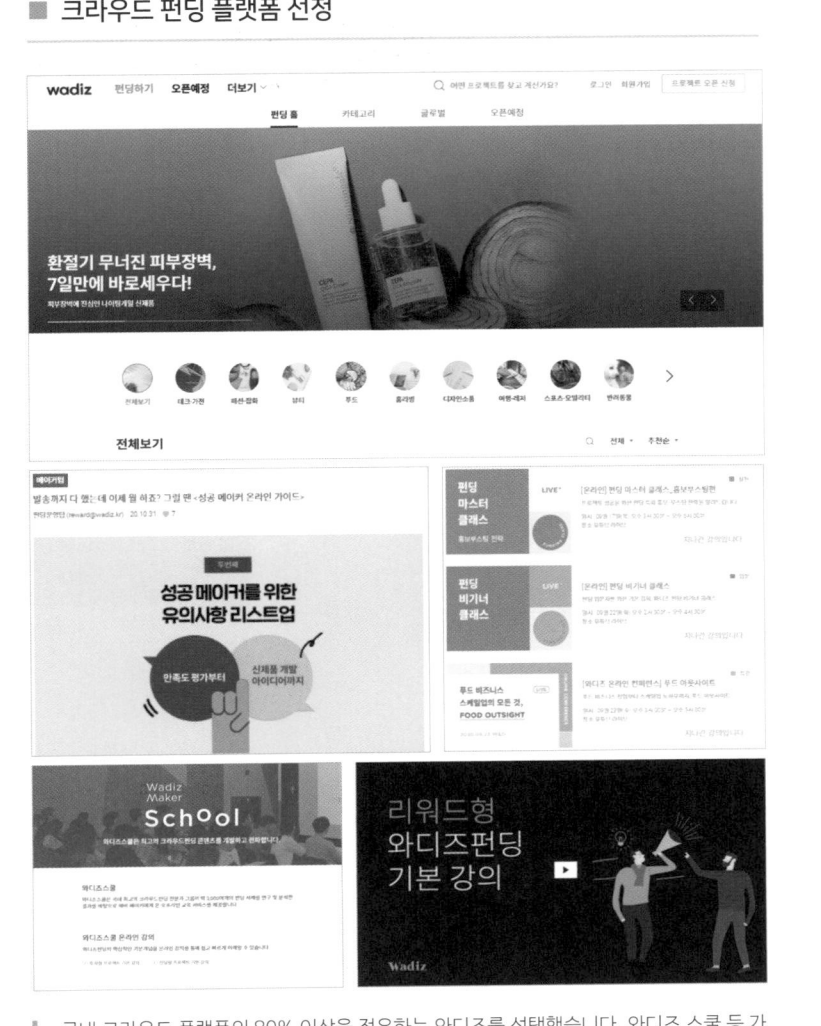

꿀TIP ★★

와디즈 스쿨

와디즈 메인페이지 상단의 [더보기]를 클릭하면, [와디즈 스쿨]이라는 탭이 있습니다. 기초(비기너), 심화(마스터) 등의 수준에 맞게 온라인 강의가 준비되어 있으며, 간혹 펀딩에 성공한 메이커들의 특강도 진행되니 꼭 한 번쯤은 접속해보길 추천합니다. 라이브 방송으로 진행되어 질문도 할 수 있고, 미리 신청하면 무료로 수강할 수 있습니다.

국내 크라우드 플랫폼의 80% 이상을 점유하는 와디즈를 선택했습니다. 와디즈 스쿨 등 가이드가 잘 되어 있는 점도 펀딩 플랫폼 선택에 영향을 주었습니다.

■ 와디즈 살펴보기

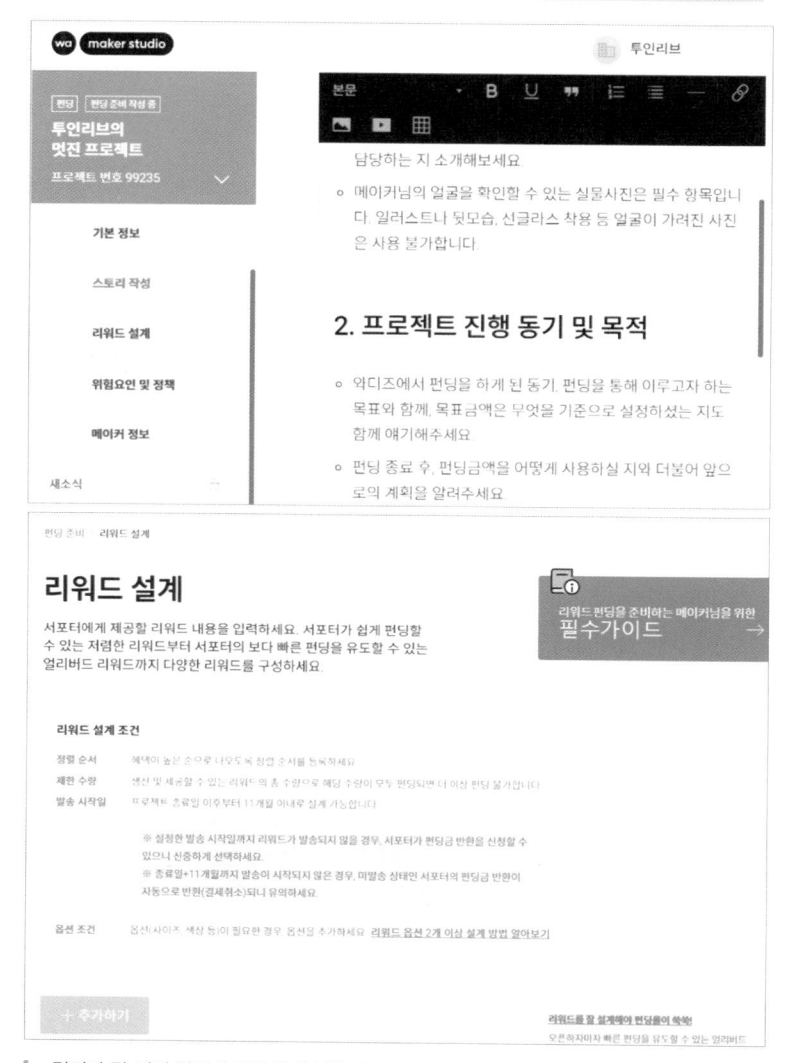

정리가 잘 되어 있어서 내용을 작성할 때 큰 어려움은 없을 것 같았습니다. 작성할 때는 화면 오른쪽에 말풍선 모양의 가이드가 작성할 카테고리에 맞게 생성됩니다. 예를 들어 스토리 작성 시, '스토리 작성 가이드' 말풍선이 오른쪽에 생성되며, 해당 말풍선을 클릭하면 상세한 설명을 볼 수 있습니다.

■ 와디즈 캐스트에서 정보 확인

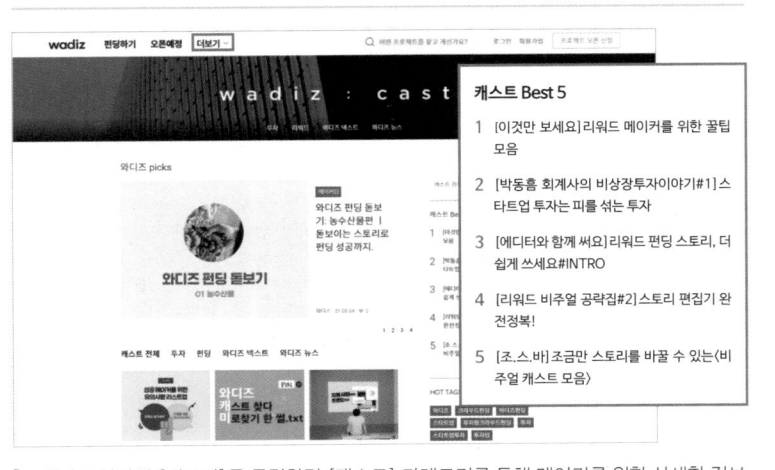

와디즈 상단의 [더보기]를 클릭하면 [캐스트] 카테고리를 통해 메이커를 위한 상세한 정보를 볼 수 있으며, 캐스트 검색창에 키워드를 검색하면 관련 자료를 볼 수 있습니다.

■ 좋은 펀딩 사례 벤치마킹

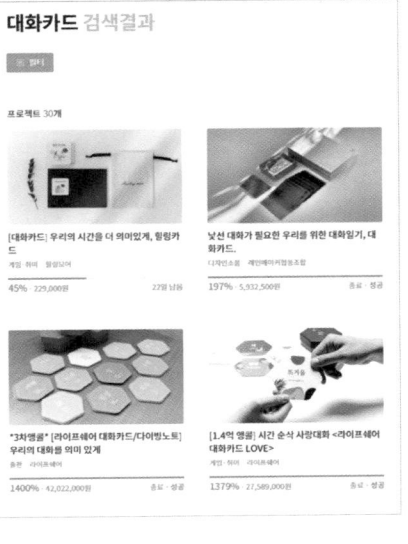

펀딩에 성공한 페이지들을 살펴보면서 어떤 순서로 내용을 작성했고 펀딩이 왜 잘되었는지 분석한 뒤, 나의 펀딩 스토리에 적용해보세요.

☐ 전달하는 가치

☐ 스토리 작성 순서

☐ 리워드 가격

☐ 펀딩 혜택

와디즈 강의를 들은 후, 성공 사례처럼하고 싶지만 막상 내 스토리로 작성하려니 생각보다 쉽지 않습니다. 펀딩하려는 리워드와 비슷한 사례를 찾아 참고하여 작성하려고 합니다. (벤치마킹할 때 비슷한 크라우드 펀딩 플랫폼인 '텀블벅'도 함께 참고했습니다.)

디자인 및 펀딩 자료 준비

50가지 질문을 담은 메인 카드와 그 외 부록 카드를 선정하여 디자인 업체에 전달했습니다. (왼쪽 이미지는 그동안 강의할 때 사용했던 인문학 질문을 담은 PPT 자료입니다.) 제작은 나중에 진행하더라도 카드 디자인이 먼저 나와야 스토리 작성에 넣을 이미지를 준비할 수 있습니다.

■ 콘셉트에 따라 카드에 넣을 질문 50가지 선정

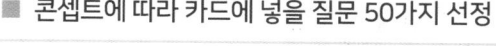

나를 알아가는 인문학을 주제로, 평소에 고민하지 않았던 질문들을 선정했습니다. (ex. 나에게 ○○은 어떤 의미인가요?)

카드의 첫 디자인이 나오기까지 디자인 업체와 약 6번의 콘셉트 미팅을 했습니다. 무엇보다 가독성을 높이는 데 중점을 두었으며, 지금까지 사용해왔던 교육 자료, 질문 카드 PPT 자료 등을 가지고 카드를 제작하는 의도 등을 업체에 상세히 설명했습니다.

■ 메인 카드의 디자인 방향 설정

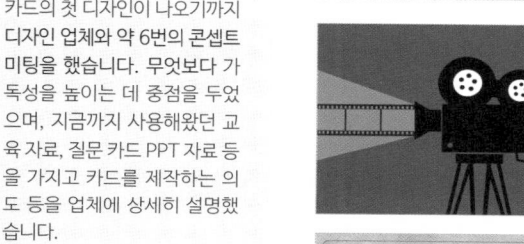  

디자인을 맡길 때는 원하는 방향을 상세히 전달합니다. 누가 봐도 영화적인 느낌이 나는 카드 디자인이길 바란다는 점을 명확히 전달했습니다. 카드에는 영화 제목과 개봉 연도, 영화 속 대사, 인문학 질문을 담았습니다. 영화 포스터를 카드 배경으로 살짝 넣어주었고, 반대면에는 무작위로 질문을 뽑을 수 있도록 모두 같은 디자인으로 제작했습니다.

■ 부록 카드 구성

알아가기

이유 있는 부록 카드

- **추천 영화 리스트**: 인문학 질문 카드에 담긴 영화 리스트입니다. 영화를 보지 않아도 활용할 수 있는 교구라는 내용도 넣었습니다.

- **감정단어 카드**: 영화 속 대사를 보고, 떠오르는 감정을 표현하고 싶은데 명확한 단어가 떠오르지 않을 때 참고하는 카드입니다.

- **연상단어 카드**: 강의 및 코칭 중에 많이 언급되었던 단어들을 넣었습니다.

- **규칙 카드**: 다른 사람에게 나의 솔직한 생각과 마음을 공유할 때 활용할 수 있는 규칙 카드는 서로 즐겁고 편하게 이 시간을 공유하는 데 도움을 줍니다.

카드 사용 방법

방법1. 진행자(리더, 교사, 부모)가 미리 뽑은 질문카드로 대화를 진행합니다.

방법2. 리스트 중 영화 하나를 선정해서 같이 보고 공통질문카드와 해당 영화카드(5장)로 대화를 나눕니다.

방법3. 친밀해지고 싶은 가족, 예비가족, 친구가 무작위 혹은 영화 별로 카드 한 장을 뽑아서 질문에 서로 답하며 진심을 담은 대화를 나눕니다.

방법4. 하루에 한 장을 뽑아서 일기 쓰듯이 질문에 답하며 나의 마음을 담은 글을 씁니다.

방법5. 회사, 가정, 학교, 교회 등 공동체에서 '하루에 질문 하나 50일 매일 글쓰기 프로젝트'를 진행합니다.

공통카드

비밀 서약
오늘 나눈 이야기는 우리끼리의 비밀이에요. 약속~!

가장 인상적인 장면이나 대사는 무엇인가요? 이유는요?

나는 누구의 시선으로 보았나요?

떠오르는 키워드는 무엇인가요?

내가 발견한 영화 속 은유는 무엇인가요?

이 영화를 통해 감독은 어떤 메시지를 전하고 싶었을까요?

내가 질문을 만든다면 누구에게 무엇을 묻고 싶은가요?

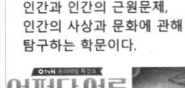

메인 카드 외에도 여러 부록 카드(추천 영화 리스트, 감정단어 카드, 연상단어 카드, 규칙 카드, 표지 카드, 사용설명 카드, 명함 카드, 채널소개 카드)를 만들었습니다. 카드를 구성할 때는 다른 대화 카드를 참고하거나, 강의 때 필요했던 자료들을 함축했습니다.

■ 크라우드 펀딩 강의 수강

마침 충남문화진흥원에서 진행하는 크라우드 펀딩 오프라인 강의를 수강할 수 있었습니다. 직접 스토리를 작성하는 시간도 가지면서 펀딩 스토리의 방향성이 명확해졌습니다.

스토리 작성을 위한 레이아웃 구성

■ 스토리에 들어갈 내용 구상

작성하고 싶은 내용을 각 타이틀에 맞게 쭉 적어본 후, 순서를 배치했습니다. 위의 네모칸 안의 순서를 그대로 펀딩 페이지에 적용하여 작성할 예정입니다.

■ 노트에 스토리 작성

썸네일 사진/문구

영화에서 건져 올린 질문들
영화를 더 지적으로 보는 방법
100개의 질문 100개의 거울
영화 질문 카드
영화 속 맛있는 질문 카드
영화 talk 마음 talk talk
영화당 질문 레시피

도입부 후크 7초 전략

프로젝트를 하는 이유 / 제품 소개

동사형 꿈을 꾸라고, 진짜로 원하는 것을 하라고, 꿈이 뭐냐고 묻는 시대입니다. '무엇을 하고 싶은 지' 너무 중요합니다. 그런데 그 전 ○ 질문해야 할 것이 있습니다. 내가 누구인지 아는 것 입니다.

"나는 누구인가?" 이 질문은 사실 너무 막막합니다. 그러면 어떻게 ○ 알 수 있을까요?

내가 어떤 생각을 하고 어떤 감정을 느끼는지, 어떤 상황에 어떤 ○ 하는지 이유는 무엇인지 하나씩 찾아가다보면 '나 ' 의 윤곽이 조금 ○ 드러나지 않을까요?

어떤 영화 좋아하세요?

좋아하는 영화를 보고 그 영화에서 건져 올린 맛있는 질문을 ○ 하루에 하나씩 답하며 '나'라는 조각을 하나씩 모아서 맞춰보면 ○

당신의 조각들이 모여 어떤 큰 그림을 완성할 지 기대됩니다.

우리가 즐겨 봤던 영화 속, 울고 웃었던 그 장면에서 질문을 건져 ○ 드립니다. 오늘 당신은 어떤 질문 카드를 뽑으셨나요?

메이커 소개

저는 '강의하는 코치'입니다.

영화인문학 강의를 할 때에도 코치의 정체성으로 참가자와 함께 합니다.

제가 하는 영화인문학 강의의 최종목표와 결과는,
참가자들이 자신을 탐색하고,
자신에게 감동하고,
스스로 가장 좋은 답을 찾는
'코칭' 결과와 같습니다.

영화인문학을 통해 우리는
영화가 "소명"을 묻다
영화가 "인생"을 묻다
영화가 "가치"를 묻다
영화가 "꿈"을 묻다
영화가 "감정"을 묻다
영화가 "감정"을 묻다
영화가 "행복"을 묻다
영화가 "환경"을 묻다
영화가 "코칭"을 묻다
영화가 "안전"을 묻다
등의 다양한 주제를 만나고,
각 주제마다 다른 영화를 만나서 사고의 폭을 넓히고, 생각의 수준을 높입니다.

그리고 '그렇게 생각하는 나를 발견하고,
그렇게 발견한 나를 스스로
"무엇을 해도, 무엇을 하지 않아도,
그리고 나의 존재가치를
누군가에게 증명해 보이지 않아도
나는 있는 그대로 온전히 소중하고 귀한 존재" 라고 인식하고 인정하고 스스로를 사랑하게 됩니다.

영화인문학을 통해서 참가자들이 자기를 이해하고 성찰해서
살아가면서 어떤 경험을 하더라도,
"어떤 경험도 의미 없는 것은 없다. 아직 깨닫지 못했을 뿐, 큰 그림의 점이 찍히고 있다."
라고 믿고 그 시간을 '지금 그리고 여기 ' 를 평안히 누렸으면 좋겠습니다.

당장 눈에 보이는 결과로 나타나지 않아도 우리의 성장은 진행중 입니다.

내가 인식하고, 인식한 나를 다시 탐색하며
이 경험을 통해서 내가 무엇을 배우게 될지 성찰의 끈을 놓지 않으면,
우리는 어떤 경험을 통해서도 성장할 수 있습니다.

각 각의 점들이 어떻게 연결되어
그림의 의미 있는 결과로 눈에 보이게 될지
기대되는 우리의 무수한 점들이 사랑스럽습니다.
어쩌면 저는 이 말이 하고 싶어서
'강의하는 코치'로 살고 있는지도 모르겠습니다.

> 와디즈 페이지에 작성하기 전, 스토리를 노트에 먼저 기록해본 내용입니다.

레이아웃 자료 취합

자료는 최대한 많이 준비할수록 좋습니다. 관련된 이미지가 많으면 그중 괜찮은 이미지를 선정하여 사용할 수 있기 때문입니다.

■ 강의 때 사용했던 PPT 자료 취합

실제로 영화 인문학 강의 및 코칭 자료로 사용했던 PPT 이미지입니다. 인문학이 왜 필요한지, 영화 인문학을 우리 삶에 어떻게 작용할 수 있는지 기록해놓았습니다.

■ 강의 사진 정리

인문학 강의 때 촬영했던 사진을 모으고 스토리에 사용할 이미지를 정리했습니다. (KAIST 차세대 IP 영재기업인 교육원, 한국발명진흥회, 한림성심대학교 인성 아카데미, 고양시 일산 종합사회복지관 등에서 진행한 강의 및 코칭 사진)

■ 카드 이미지(인스타 게시용으로 준비한 이미지) 정리

인스타그램 및 인문학 스터디 '미션 인증 프로젝트'로 사용되었던 이미지들을 취합했습니
다. (인스타그램 @yuncoach00에서 확인 가능)

■ 강의 포스터 정리

강의나 스터디 때 사용했던 수업 포스터 등의 이미지 자료를 전부 모았습니다.

펀딩 스토리

샘플 디자인 완료

한 번에 1,000세트가 제작되는 만큼 디자인에 가장 많은 신경을 썼습니다.

■ 카드 디자인 1차 시안(대표 이미지로 1개씩) 확인

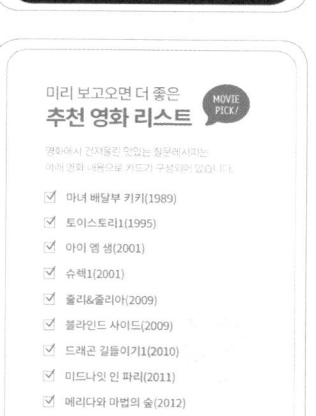

1차 시안으로 받았던 카드 디자인입니다. 깔끔한 느낌도 좋지만, 조금 더 영화관 느낌이 물씬 나는 방향으로 수정을 요청했습니다.

■ 카드 디자인 시안 최종 확정

윤지원 코치의
영화 talk
마음 talk talk
카드 소개

COPYRIGHT© 2020 YUN JIWON. ALL RIGHTS RESERVED.

윤지원 코치의
영화 talk
마음 talk talk

꿈이 뭐냐고 묻는 시대, 무엇을 하고 싶은지 보다
내가 어떤 사람인지, 내가 누구인지 아는 것이
먼저 아닐까요?

"나는 누구인가?" 질문은 너무 막막합니다.
어떻게 하면 나를 잘 알 수 있을까요?

내가 어떤 생각을 하고 어떤 감정을 느끼는지
찾아가다 보면 '나'의 윤곽이 드러나지 않을까요?

영화에서 건져올린 질문 카드를
하루에 1개씩 만나 질문에 답해보면서
나의 조각을 하나씩 맞춰 봅니다.

기획: 윤지원, (주)휴인리브 │ 출판: (주)휴인리브
주소: 충남 천안시 동남구 공설시장 3길 10, 1F (주)휴인리브
www.yuncoaching.co.kr

윤지원 코치의
영화 talk
마음 talk talk

미드나잇 인 파리
Midnight In Paris (2011)

여기 머물면 여기가 현재가 돼요.
그럼 또 다른 시대가 등장하겠죠.
상상 속의 황금시대.

현재란 그런 거에요.
늘 불만스럽죠.
삶이 원래 그러니까.
_김 펜더

과거도 미래도 아닌
'현재'를 산다는 것은
나에게 어떤 의미인가요?

COPYRIGHT© 2020 YUN JIWON. ALL RIGHTS RESERVED.

Rule 1

모든 감정은
소중합니다.

COPYRIGHT© 2020 YUN JIWON. ALL RIGHTS RESERVED.

영화 talk 마음 talk talk 카드 사용방법

① 방법 하나
하루에 한 장씩 뽑아서
읽기 노트 집중에 답하며
나의 마음을 담은 글을 씁니다.

② 방법 둘
회사, 가정, 학교, 교회 등 공동체에서
하루에 질문 하나 SNS 매일 글쓰기
프로젝트를 진행합니다.

③ 방법 셋
친밀해지고 싶은 가족, 애인 가족, 친구가
무작위 혹은 의미있는 카드 한 장을 뽑아
질문에 서로 답하며 대화를 나눕니다.

④ 방법 넷
리모컨 등 영화 하나를 선정해서
같이 보고 해당 영화 질문카드(50) 로
대화를 나눕니다.

⑤ 방법 다섯
선생님(리더) 교사, 부모님이 미리
뽑아놓은 단어 질문카드로 서로
대화를 나눕니다.

COPYRIGHT© 2020 YUN JIWON. ALL RIGHTS RESERVED.

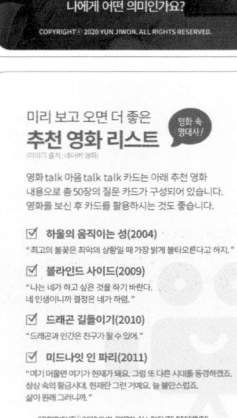

영화 속
영화시!

미리 보고 오면 더 좋은
추천 영화 리스트

영화 talk 마음 talk talk 카드는 아래 추천 영화
내용으로 총 50장의 질문 카드가 구성되어 있습니다.
영화를 보신 후 카드를 활용하시는 것도 좋습니다.

☑ 하울의 움직이는 성(2004)
"최고의 불꽃은 최악의 상황일 때 가장 밝게 불타오른다고 하지."

☑ 블라인드 사이드(2009)
"나는 네가 하고 싶은 것을 하기 바란다.
네 인생이니까 결정은 네가 하렴."

☑ 드래곤 길들이기(2010)
"드래곤과 인간은 친구가 될 수 있어."

☑ 미드나잇 인 파리(2011)
"여기 머물면 여기가 현재가 돼요. 그럼 또 다른 시대가 등장하겠죠.
상상 속의 황금시대. 현재란 그런 거에요. 늘 불만스럽죠.
삶이 원래 그러니까."

COPYRIGHT© 2020 YUN JIWON. ALL RIGHTS RESERVED.

영화와 연상되는 다양한
연상 키워드 리스트

다양한 키워드를 통해 영화 속 마음 속 이야기를 풀어보세요.

결혼	골목	명예	성장
건강	과거	만족	소속감
감사	공의	미래	순수함
가족	공동체	무의식	승리
긍정	꿈	변화	실용성
감수성	끈기	부분	사명
권력	나눔	분노	소질
개별성	다양성	배려	시간
개인주의	독서	부담감	세상
개인	리더십	원	열정
깊이	믿음	소통	안전
겸손	모험	사랑	연결
길	매력	성공	인내

COPYRIGHT© 2020 YUN JIWON. ALL RIGHTS RESERVED.

최종 완료된 카드 디자인입니다. 영화관처럼 어두운 배경 색상으로 집중도를 높이고, 눈의 피로를 덜 수 있도록 의도했습니다.

사진 촬영

꿀TIP

촬영을 준비할 때는 소품에 대한 고민 없이 제주를 배경으로 담자는 마음으로 갔습니다. 물론 제주의 배경을 바탕으로 촬영한 사진도 좋지만, 방문한 카페에 활용 가능한 소품이 많아서 양해를 구하고 사진 촬영을 진행했습니다.

■ 직접 사진 촬영(제주)

제주에 강의하러 갈 때쯤, 마침 틴케이스 샘플이 제작되었습니다. 마음을 열어준다는 주제의 인문학 카드와 어울리는 탁 트인 제주 바다의 여유로움을 사진으로 담을 수 있어 의미 있는 촬영이었습니다. (사진은 아이폰으로 촬영했습니다.)

■ 샘플 카드로 연출 사진 촬영

카드는 혼자서도, 그리고 여러 사람들과도 소통하며 활동할 수 있도록 만들었습니다. 따라서 나 자신과 소통하기, 가까운 사람과 더 깊이 있는 대화하기, 모르는 사람들과 편하게 마음과 생각 나누기 등 각각의 상황을 연출하여 촬영했으며, 연출이 잘 되지 않을 때는 합성을 하기도 했습니다.

꿀TIP

GIF 캡처는 'GifCam' 애플리케이션을 사용했습니다. (윈도우용: gifcam.kr.uptodown.com/windows)

■ 녹화된 Zoom 강의 장면 활용

모니터링을 위해 녹화해둔 Zoom 강의 영상을 GIF로 캡처하여 사용했습니다.

펀딩 페이지 스토리 작성

■ 도입부 후킹 작업

> 당신의 꿈은 무엇인가요?
> 당신은 어떤 삶을 살고 싶으신가요?

이런 꿈을 꾸는 당신은 누구인가요?
사실, [나]도 모르면서 [꿈]이란 틀에
나를 맞춰가고 있지는 않으신가요?

하루 10분, 카드 속 질문을 통해
흩어진 나의 조각을 찾아보세요.

> **스토리 요약:** 사실, '나'도 잘 모르면서 '꿈'이란 틀에 나를 맞춰가고 있지는 않으신가요? 영화 장면에서 건져 올린 질문을 통해 흩어진 나의 조각을 찾아보세요.

꿀TIP

도입부 후킹

도입부 후킹이란 공감 또는 공감을 유발할 수 있는 문구나 사진을 도입부에 짧게 넣어 주의를 끌고 스크롤을 계속 내릴 수 있도록 하는 전략을 의미합니다.

■ 영화 인문학 소개(영화 인문학이 왜 필요한가?)

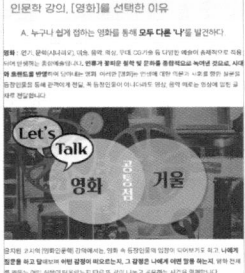

> **스토리 요약:** 모르는 사람에겐 어렵게만 느껴지는 인문학. 우리는 나의 정체성보다는 어떤 역할로 살아가고 있습니다. 바로 '나'를 찾는 과정의 일부입니다.

■ 강의 및 코칭 장면 수록

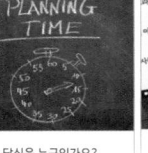

> **스토리 요약:** 이 사진은 윤 코치의 인문학 강의 장면으로, 10대부터 65세가 넘는 어르신들까지 함께할 수 있습니다. 많은 대기업 또는 기관에서도 인문학 강의를 필요로 합니다.

BEHIND

단지 '10대부터 65세가 넘는 어른'이 타깃은 아니며, 맞춤형 코칭이 가능한 교구라는 점을 어필하지 못한 부분이 아쉬웠습니다.

리워드가 교구·강의인 만큼 오프라인에서 이루어진 강의 후기를 담았습니다. 코치로서 '내가 이 강의를 통해 어떤 가치를 전달해야겠다'는 의도도 중요하지만, 강의를 참여한 수강생에게 실제로 그 가치가 전달이 되었는지는 후기를 통해 더 크게 전해지기 때문입니다.

■ 코칭 후기(영화 인문학을 통해 얻을 수 있는 것)

#1 주제 : 소통능력강화를 위한 영화인문학

주최 : 한림성심대학교 인성아카데미 | 주관 : 윤지원코칭아카데미

> 국가고시 50일이 채 남지 않았습니다.
> 매일 매일 평가와 점수로 지내다보니,
> 오늘도 지쳐 기숙사에 가려다가
> 이유 없이 끌리기도 하고 심적 위로를 받고 싶어서
> 현장신청을 하여 듣게 되었습니다.
> 정해져 있는 것이 아닌, 생각하게 해주시는 강의가
> 저에게는 너무 인상 깊었습니다.
>
> 저 자신에 대해 생각하게 된 것 같습니다.
> 감정, 생각은 다르게 착각하기도 쉬운 일이니
> 생각을 많이 해봐야 될 것 같습니다.
> 강사님의 미소에서 행복이 전달됩니다.
>
> 모아나 영상 중에서 아기 모아나가 아기 거북이를
> 바다로 가도록 도와주는 장면이 너무 귀여운데
> 그 마음이 따뜻하게 느껴져서 좋았습니다.

[출처] 윤지원코칭아카데미 · 참가자 후기게시판(blog)

#2 주제 : 영화로 보는 노인 인권

주최 : 고양시 일산종합사회복지관 | 주관 : 윤지원코칭아카데미

> 생에서 삶을 돌아보는 중요한 순간이었습니다.
> 오늘 잘 했습니다.
>
> 아내를 존중하고 사랑하는 남편의 마음과
> 아버지의 마음을 말없이 표현하는 한 사람의 심정.
> 친구가 절실히 필요한 건 나이를 먹어서 같이 늙어갈 때-
>
> 노년을 비유하는 계절, 겨울은 흰 눈으로 아름답고
> 따뜻한 내 집에서 쉴 수 있는 공간이 있음에 감사합니다.
> 마음 깊이 너그러워져야겠다고 다짐했습니다.
>
> 내 나이의 계절이 겨울입니다.
> 춥기도 하지만 따뜻함이 동반되므로 제일 이 순간이 행복합니다.
>
> 치매!
> 남의 일이 아니며 곧 나에게도 다가올 문제....

[출처] 윤지원코칭아카데미 · 참가자 후기게시판(blog)

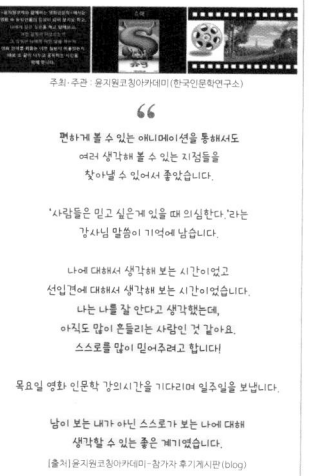

#3 주제 : 내가 누구인지 믿는다는 것

주최 · 주관 : 윤지원코칭아카데미 (한국인문학연구소)

> 편하게 볼 수 있는 애니메이션을 통해서도
> 여러 생각해 볼 수 있는 지점들을
> 찾아낼 수 있어서 좋았습니다.
>
> '사람들은 믿고 싶은게 있을 때 의심한다.'라는
> 강사님 말씀이 기억에 남습니다.
>
> 나에 대해서 생각해 보는 시간이었고
> 선입견에 대해서 생각해 보는 시간이었습니다.
> 나는 나를 잘 안다고 생각했는데,
> 아직도 많이 흔들리는 사람인 것 같아요.
> 스스로를 많이 믿어주려고 합니다.
>
> 목요일 영화 인문학 강의시간을 기다리며 일주일을 보냅니다.
>
> 남이 보는 내가 아닌 스스로가 보는 나에 대해
> 생각할 수 있는 좋은 계기였습니다.

[출처] 윤지원코칭아카데미 · 참가자 후기게시판(blog)

#4 주제 : 윤지원 코치와 함께하는 내면여행

주최 : KAIST 차세대 IP영재기업인교육원, 한국발명진흥회 | 주관 : 윤지원코칭아카데미

> 내 삶의 순간순간에 의미를 찾는 법을 배웠다.
> 마음을 꽉 채우는 것 같아 좋았다.
> 나의 내면을 다시 돌아볼 수 있는 시간이었다.
>
> 바쁜 일상 속에서 살아가면서
> 나는 무엇을 잊고 살고 있는지
> 내가 느끼는 감정 하나하나를 왜 느끼는지
> 깊게 알아보는 시간이었다.
>
> 모든 답변을 다 하지는 못했지만
> 이런 질문들에 대한 답을 찾는 것이
> 인생의 중요한 과제라 아닐까 생각이 든다.
>
> 좋은 수업 해주셔서 정말 감사합니다~!

[출처] 윤지원코칭아카데미 · 참가자 후기게시판(blog)

스토리 요약: 영화 인문학 강의를 들은 수강생분들이 블로그나 SNS 등을 통해 장문의 후기를 올려주셨습니다. 비록 영화 속 질문에 답은 바로 하지 못했지만, 그 답을 찾아가는 과정이 삶의 중요한 과제라고도 표현해주셨습니다.

■ 영화카드 및 Zoom 강의 소개

스토리 요약: 이번 펀딩은 리워드를 통해 교구와 Zoom 강의를 제공합니다. 펀딩 종료 이후 카드를 활용하여 누구나 편하게 참여할 수 있도록 밴드를 통해 소통하는 공간도 마련하려고 합니다.

■ 리워드(제품) 상세 소개

카드구성 : Part 1

- 카드소개 1장
- 저자소개 1장
- 사용설명서 1장

카드구성 : Part 2

감정 단어 리스트 1장
연상 단어 리스트 1장
추천 영화 리스트 1장

카드구성 : Part 3

영화 장면 속,
질문카드 50장

영화카드가 어떤 구성으로 되어 있는지, 왜 그 질문을 카드에 넣었는지, 이 질문들이 어떤 의미를 담고 있는지를 펀딩 페이지에 기재했습니다.

강사 입장에서는 교구의 사용법과 활용법을 '굳이 이렇게까지 구체적으로 설명해야 할까?' 하고 생각할 수도 있습니다. 하지만 교구를 만들 때 많은 이들에게 조언을 구하면서, 처음 이 교구 또는 교육을 접하는 사람들에게 공감을 이끌어내기 위해서는 구체적인 설명이 필요하다는 것을 알게 되었습니다.

■ 영화카드 사용 방법 소개

오프라인에서 소통하는 것과 똑같이 지켜야 하는 규칙을 카드에 설명했습니다. 즉, 모든 감정은 소중하고, 평가받지 않으며, 어떤 이야기도 끝까지 들어주어야 한다는 규칙입니다. 혼자서 질문에 답변할 때도 반드시 유념해야 합니다. 인문학은 나를 소중히 여기는 것에서 시작됩니다.

리워드를 구성할 때는 펀딩에 일찍 참여하지 않으면 좋은 혜택을 놓칠 것 같다는 느낌을 줄수록 초기 펀딩 참여율이 높아질 수 있습니다. 인가 상품에 더 이목이 집중되듯이, 초기 펀딩률이 높아야 더 많은 사람들의 유입을 유도할 수 있기 때문입니다.

■ 리워드 구성

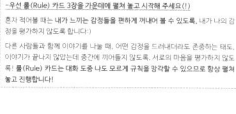

리워드 구성을 할 때는 혜택률이 높은 구성부터 올리면 시각적으로 혜택이 더 크게 느껴집니다. 카드와 강의를 함께 펀딩하고, 강의는 날짜가 지정되어 있는 만큼 필요에 따라 카드만 펀딩할 수 있도록 구성했습니다.

▲ 강의 진행 안내

■ 메이커 및 펀딩 이후 사업 방향 소개

스토리 요약: 저는 이 영화카드를 시작으로 도서, 워크북, 영화 인문학을 통한 심리상담 시스템의 구축 등을 계획하고 있습니다.

■ 기타 내용 작성

펀딩 여부에 절대적인 영향은 없지만, 신뢰 형성을 위해서는 가장 중요한 부분입니다. 펀딩 이후 발송 일정, 수령 후 A/S 그리고 FAQ를 꼼꼼히 작성합니다.

BEHIND

펀딩이 완료된 후, 서점에서 인문학 교재로 판매하기 위해 도서로 등록했습니다. ISBN만 받으면 온라인 서점에 판매하기 쉬울 것이라고 생각했지만, 독립출판의 경우 배본사(도서 보관 및 발송 대행 업체)를 끼고 있어야 온라인 대형 서점에서 판매할 수 있었습니다. 따라서 월마다 도서 보관 비용, 관리 비용이 나가게 됩니다.

와디즈 기획전

꿀TIP ★★

와디즈 기획전

와디즈 펀딩을 할 때, 연관되는 '와디즈 기획전'이 진행되는지 살펴보기를 추천합니다. 관련 없는 듯해도 일단 읽어보는 것이 중요! 영화카드도 기획전에서 말하는 굿즈는 아니었지만, 시각디자인에 해당하는 모든 제품은 참여 가능하다는 내용 덕분에 도전할 수 있었습니다. 참여를 위해선 포트폴리오를 제출해야 합니다.

■ 이게 웬일?! 수수료 50% 혜택, 샘플 제작 50% 할인?!

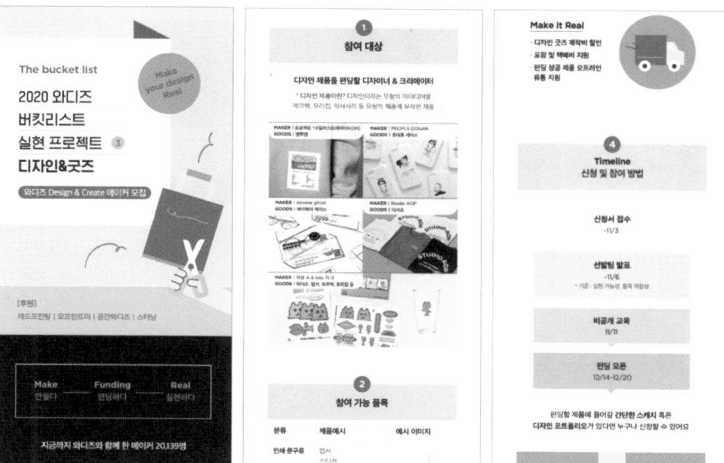

펀딩 페이지를 작성하면서 매일 와디즈를 들락날락 하던 차! 디자인 굿즈 기획전이 열렸습니다. 물론 영화카드는 '굿즈' 상품이라고 보기엔 애매했지만 그래도 궁금해서 살펴보았고, 시각디자인 범위에 해당하는 모든 리워드는 참여 가능하다는 문구를 읽고 용감하게 포트폴리오를 제출했습니다.

BEHIND

와디즈 기획전 참여에 선정되었습니다. 단, 정해진 일정에 오픈해야 한다는 조건 때문에 계획 일정보다 늦게 오픈해야 혜택을 받을 수 있었습니다. 펀딩을 늦게 오픈하는 대신 진행 기간을 단축하기로 결정했습니다.

■ 참가 신청용 포트폴리오 제출

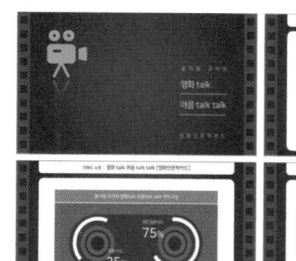

기획전 참여에 선정된 PPT 입니다.

와디즈의 피드백

■ 완성한 펀딩 페이지 제출(3~5일 내 심사 진행)

질문사항 1

본 프로젝트의 리워드를 확인한 결과, 아래의 서류가 제출되어야 합니다. 해당 서류를 리워드 종류 및 제작형태(기본 요건 Q3.하단)의 편집 버튼을 클릭하여, 필수 서류 업로드란에 첨부 부탁드립니다. **부득이하게 용량을 초과한 경우,** rewardmaster+Kai@wadiz.kr로 전달 부탁드립니다.

(인증대상이 아니라면 객관적인 이유를 밝혀주세요. 예.법적근거)

▶ 메이커님의 기획/개발 내용을 확인할 수 있는 패턴지 혹은 작업지시서 혹은 도면

→ 도서로 분류되는 경우 초고파일

▶ 위탁제조계약서(양사의 직인 혹은 사인 필수)

▶ 특허출원서

꿀TIP

직접 제조하는 경우가 아닌 모든 리워드는 위탁제조계약서를 필요로 합니다. 실제로 제작할 계획이 있는지, 준비가 되어 있는지를 확인하기 위한 절차로 펀딩 전에 제출하게 되어 있습니다.

첫 번째 피드백: 교구를 제작해주는 업체와의 위탁제조계약서가 필요했습니다. 또한 리워드를 '출판물'로 게시하려면 ISBN 등록 시 제출했던 초고 파일을 제출해야 합니다.

■ 6번의 피드백과 수정(약 10일 소요)

추가질문 01

안녕하세요. 메이커님, 와디즈 Lyndon프로입니다.

메이커님의 성공적인 프로젝트를 위해 피드백 반영 전 아래 내용을 꼼꼼히 확인해주시고, 수정해주시기 바랍니다.
메이커 프로젝트 진행 필수가이드(클릭)

필수 확인사항

운영 정책 상, 최종 승인 이후 수정은 불가능합니다.

- 단은 모델자
- 목표금액
- 프로젝트 종료일
- 리워드 구성, 수량,가격
- 홍보를 위한콘텐츠 추가(이벤트/샘플 등)
- 가독성을 위한 디자인 추가 및 변경

추가질문 02

프로젝트 준비/진행 상, 모바일/PC 미리보기 체크는 필수입니다. 미리보기를 통해 가독성을 확인해주세요. ★임시저장은 필수★

프로젝트 스토리

추가질문 03

전달드리는 피드백은 12/9(수) 오후 2시까지 반영 후, 펀딩 준비 페이지에서 [제출하기] 버튼을 클릭해주세요. 제출해주셔야 담당자 확인이 가능합니다. 피드백 반영 및 제출이 지연될 경우, 담당자에 의해 오픈 일시가 변동될 수 있습니다.

1. 어떤 전화번호로 문자가 발송되는지에 대한 수강안내문구를 추가해 주세요.
2. 오픈예정스토리에는 프로젝트 일정/FAQ/발송안내 내용 등은 기재하지 않습니다.

추가 질문 사항 전체보기

질문 요청일	2020-12-09	˅
질문 요청일	2020-12-08	˅
질문 요청일	2020-12-06	˅
질문 요청일	2020-12-04	˅
질문 요청일	2020-12-03	˅
질문 요청일	2020-12-01	˅

두 번째 피드백: 와디즈에서 내용을 검토한 후 수정할 내용이 담긴 피드백을 줍니다. 와디즈의 검토 도중, 메이커가 실수로 잘못 입력한 내용을 수정해야 할 때는 별도 요청을 해야 가능하며, 펀딩 오픈 전까지만 수정할 수 있습니다. 실수 수정을 위해 위해 와디즈에 수정 페이지를 열어 달라는 요청까지 총 6번의 피드백이 오갔습니다.

새소식과 이벤트

■ 새소식 활용

BEHIND

펀딩 스토리를 작성하면서 미처 작성하지 못했던 부분이 있었다면 새소식을 통해 올려도 좋습니다.

◀ 펀딩 기간과 맞물려 윤 코치 아카데미에서는 25일 동안 글쓰기 프로젝트가 있었습니다. 이는 무료로 진행되는 프로젝트로, 펀딩 전 영화 인문학을 먼저 경험해 볼 수 있도록 예비 서포터들을 새소식을 통해 초대하였습니다.

▼ 달성률에 대한 감사 인사와 함께 현재 제작 중인 카드 영상을 촬영하여 게시한 이미지입니다.

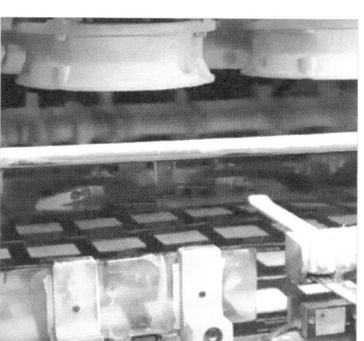

■ 새소식을 통한 이벤트 진행

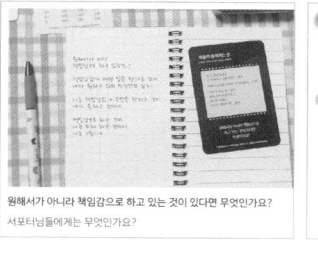

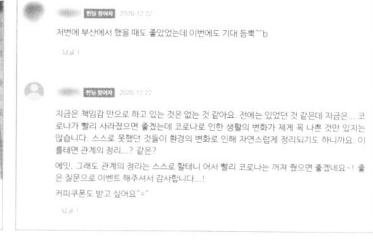

새소식을 통해 작은 이벤트를 진행했는데, 이벤트를 제대로 어필하지 못해 참여자가 적었습니다. 다행히 세 분이 참여해주어서 모두 당첨쿠폰을 보내드렸습니다.

교구 제작 완료

■ 영화카드 인쇄 감리

BEHIND

출력(인쇄)할 때 내용도 다시 검토합니다. 이렇게까지 확인 했는데도 케이스 포장을 완료한 후, 카드 한 장의 문구가 잘못 기재된 것을 발견했습니다. 결국 해당 카드만 1,000장을 재인쇄 하고 세트에서 교체한 후, 다시 케이스에 포장하는 번거로운 과 정을 겪었습니다.

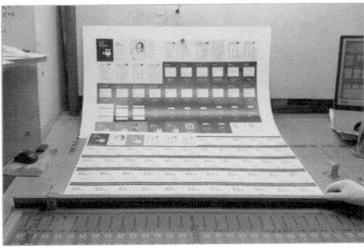

원하는 색상대로 출력이 되었는지 확인하는 과정입니다. 인쇄 전에 샘플 작업을 하였고, 샘플 인쇄 비용으로 약 9만 원이 발생했습니다.

■ 카드 케이스 출력 검토

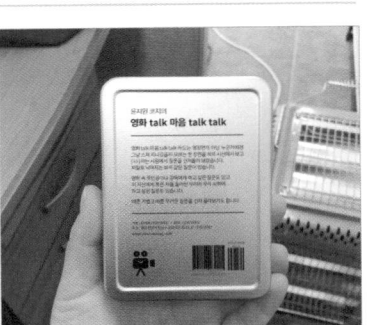

케이스의 색상과 글자 크기가 적절한지, 선명하게 보이는지 등을 검토했습니다.

제품 포장 및 발송

교구가 도착 한후, 다음과 같은
것들을 반드시 확인합니다.

☐ 카드 수량

☐ 카드 순서

☐ 인쇄 품질

☐ 케이스의 훼손 여부

■ 제작 완료된 교구 입고

> 검수 및 검품을 진행합니다.

■ 포장

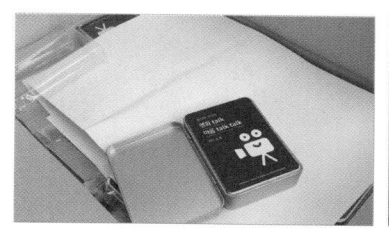

> 하나씩 뽁뽁이에 감싸서 택배 박스에 포장했습니다.

케이스가 외관상 찌그러지지 않
아도 뚜껑이 잘 닫히지 않는 불
량이 간혹 발견되어, 한 박스당
케이스 10개씩 일일이 열어서
검품했습니다.

■ 발송 후 발송 완료 등록

5383315	택배	05	418460402091	굿투럭	40	
5421146	택배	05	418460401520	GSI Express	41	
5402973	택배	05	418460402065	CJ대한통운 국제특송	42	
5494344	택배	05	418460402194	애니트랙	43	
5380226	택배	05	418460402323	SLX택배	44	
5486224	택배	05	418460402404	호남택배	45	
5381014	택배	05	418460401645	우리한방택배	47	
5377427	택배	05	418460402356	ACI Express	48	
5468707	택배	05	418460401870	ACE Express	49	
5379920	택배	05	418460402172	GPS Logix	50	
5377084	택배	05	418460401900	성원글로벌카고	51	
5450598	택배	05	418460401855	세방	52	
5377138	택배	05	418460402360	농협택배	53	
5377832	택배	05	418460402474	홈픽택배	54	
5382935	택배	05	418460402345	EuroParcel	55	
5377097	택배	05	418460402371	KG8택배	56	
5391912	택배	05	418460402533	Cway Express	57	
5377887	택배	05	418460402146	하이택배	58	

> 택배로 보내는 리워드의 경우 발송을 완료한 후에는 와디즈 양식에 따라 서포터 번호와 운송
> 장 번호를 매칭 입력하여 전송해야 합니다.

펀딩이 끝난 이후

※ 작성자의 동의를 얻어 첨부했습니다.

■ 펀딩이 끝난 이후 – 서로 힘이 되어주는 관계가 되다

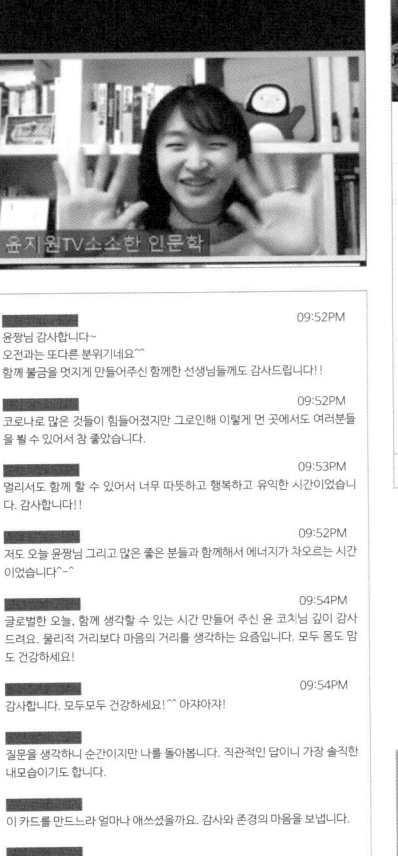

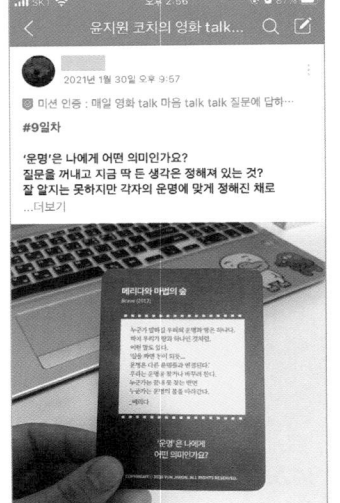

펀딩 리워드였던 강의를 마친 후, 많은 메시지를 받았습니다. 펀딩 페이지에서는 소통보다는 '강의'에 초점을 두었다면, Zoom 강의에서는 카드와 함께 소통하는 시간을 가졌습니다. 불편할 수도 있는 방식임에도 불구하고 많은 분들이 적극적으로 참여해주어서 마지막 강의까지 힘차게 진행할 수 있었습니다.

이번 펀딩을 시작으로 더 다양한 시도가 가능해졌습니다. 영화 인문학 관련 책을 출간하게 되었으며, 온·오프라인 강의 문의가 증가하였습니다. 영화카드를 통한 심리상담 시스템 특허를 취득하여 해당 특허를 활용한 일반 민간 자격증을 발급하고, 보건복지부 및 한국코치협회 인증 프로그램으로 자격 과정 종사자의 역량강화 프로그램도 만들 계획입니다.

교구 제작부터 펀딩까지 한눈에 보는 일정표

※ 강의 및 코칭과 병행하며 준비했습니다.

2017년 5월 초
영화카드 교구
아이디어 떠올림

2020년 7월 초
본격적으로 영화 인문학 질문을
인스타그램에 한 장의 카드뉴스
형태로 게시하기 시작

2020년 8월 초
교구 제작을 위한 시장 조사

2020년 9월 초
영화카드 디자인 업체 및
케이스 업체 조사

디자인 업체 및
케이스 업체 결정 후
제작 일정 조율

2020년 10월 초
영화카드 디자인
최종 완료까지 3주 소요
(수정 작업 포함)

2020년 10월 ~11월 초
윤 코치의 펀딩 페이지
스토리 작성 구상
관련 교육 이수

2020년 11월 중
완료된 디자인으로
카드 샘플, 케이스 샘플 출력

카드 및 케이스 제작
제작 업체 일정으로
1주 공백이 생김

완료된 샘플로 사진 촬영
1일 차: 혼자 활용 사진 촬영
2일 차: 함께 활용 사진 촬영
3일 차: 제주도 촬영

사진 편집 및 페이지 디자인
한계에 부딪혀 외주로 맡김

2020년 12월 초
와디즈에
프로젝트 제출

7일간 오픈예정 서비스
총 6번의 피드백
와디즈 전자약정서 체결

카드 제작 완료,
검수·검품 진행

2020년 12월 중
와디즈 펀딩
프로젝트 오픈

리워드 새소식 작성
총 6건

2020년 12월 말
와디즈 펀딩
프로젝트 종료

연휴 기간 동안
서포터들에 손편지 작성

2021년 1월 초

펀딩한 서포터들의
결제 시작

종료일 다음 날 결제되지만
연휴로 인해 4일 만에 결제

리워드 택배 포장 및
택배 송장 부착 작업
리워드 발송

한진 택배 원클릭서비스 이용

와디즈 1차 정산금 신청

와디즈 1차 정산금
입금(80%)

정책에 따른 반환 기간이 종료 된
후 나머지 정산금 입금 예정

2021년 1월 중

영화톡 마음톡톡
Zoom 라이브 강의

2021년 1월 말

영화카드 속 질문으로
50일 글쓰기 프로젝트 시작

네이버 밴드로 모임 운영

2021년 2월 초

2차 정산 신청

와디즈 2차 정산금
입금(20%)

영화카드 펀딩 페이지

CHAPTER 03

의약외품(화장품)
제작부터 펀딩까지

■ (주)투인리브의 펀딩

본 챕터의 내용은 실제 펀딩을 바탕으로 작성되었습니다. 소규모 기업(스타트업 등)이 관련 카테고리 제품을 펀딩할 때 어떤 과정을 거쳐서 진행되는지 알 수 있습니다.

※ 투인리브 인원 현황: 총 3명(와디즈 크라우드 펀딩 전문가 과정 수료 및 자격 취득자, 디자이너)

오 대표 소개: (주)투인리브의 문제 해결 전문가 오 대표는 마스크팩 전문 개발가인 용 대표와 함께 손소독제를 개발하려고 합니다. 얼굴에 바르는 화장품만큼이나 자주 사용하는 손소독제임에도 사용 후 손이 건조해지는 문제점을 해결하고자 합니다.

본문의 TIP 알아두기

CHECK 펀딩을 준비할 때 미리 점검해둘 체크리스트입니다.

꿀TIP 펀딩을 위한 필수 요소는 아니지만 참고할 만한 팁과 노하우입니다.

알아가기 알고 있으면 도움이 될 참고 자료로, 본문의 내용을 보충 설명하고 있습니다.

BEHIND 펀딩을 진행하면서 겪었던 비하인드 스토리, 아쉬웠던 점, 개선 방향 등을 소개합니다.

메이킹 스토리 제품이 만들어지는 과정을 알 수 있습니다.

펀딩 스토리 펀딩 페이지 작성을 위해 무엇을 준비했는지를 담았습니다.

※ '와디즈 리워드 크라우드 펀딩'을 줄여서 '펀딩'으로 표기하겠습니다.

사업성
점검

손소독제를 제작하는 목적

지금 이 펀딩을 하는 이유

기업 상황 점검

손소독제를 제작하는 목적

■ 제품 또는 서비스 제작 전, 필수 아이디어 단계

1) 이 제품(혹은 서비스)을 왜 만드는가?
2) 누구를 위해 만드는가?

투인리브의 '손소독제' 개발 이유
기존 손소독제는 냄새가 좋지 않고 발랐을 때 손이 건조해짐
코로나19로 위생용품 사용량 증가
K-방역으로 한국방역제품을 해외에서 선호(수출 계획)

CHECK

다음은 사업을 위한 '필요성 점검 체크리스트(사업타당성 분석 중 일부)'입니다.

☐ 기존 제품과 차별화된 부분이 있는가?

☐ 나만 필요한 제품은 아닌가?

☐ 많은 사람이 활용 가능한가?

☐ 예상 수요 분석을 했는가?

■ 손소독제에 주목하는 글로벌 트렌드

'손 소독제' 관심이 '마스크' 4배 많은 미국

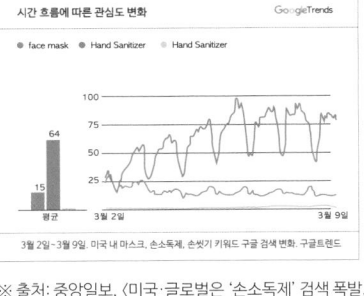

글로벌 관심사도 '마스크'에서 '손소독제'로 전환

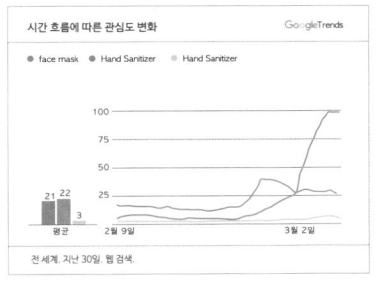

※ 출처: 중앙일보, 〈미국·글로벌은 '손소독제' 검색 폭발, 한국은 '마스크만' 검색?〉, 2020.03.09.

지금 이 펀딩을 하는 이유

■ 지금 펀딩을 시작하는 이유

1) 이미 살짝 늦은 느낌은 있다. (손소독제는 포화 시장)

2) 그렇지만 코로나19뿐만 아니라 주기적으로 나타나는 바이러스로 위생용품(손소독제)의 수요는 앞으로도 계속될 것이다.

3) 손소독제의 문제점을 개선한 제품으로 국내 크라우드 펀딩을 시작하여 해외 시장까지 진출 가능할 것이다.

새로운 손소독제 개발 준비 목록

아이디어를 가지고 화장품 기업으로 찾아가서 제조 요청

직접 와디즈 크라우드 펀딩 준비

■ 소독제의 수요 분석 자료

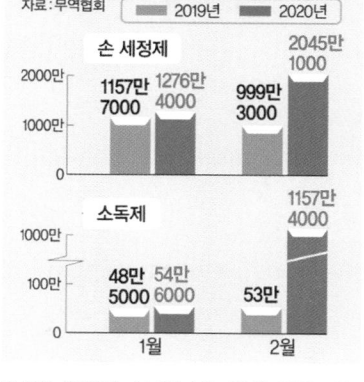

코로나19 관련 품목 수출 추이 (단위:달러)
자료: 무역협회

손 세정제
- 2019년 1157만 7000 / 2020년 1276만 4000 / 999만 3000 / 2045만 1000

소독제
- 48만 5000 / 54만 6000 / 53만 / 1157만 4000

1월 / 2월

코로나 19 발생 국가별 검색 점유율
※마스크·손소독제·손씻기 3개 검색어의 검색 비율

■마스크 ■손소독제 손씻기 확진자(명)

국가	마스크	손소독제	손씻기	확진자(명)
한국	61%	34	5	7382
이탈리아	50	41	9	7375
이란	34	53	13	6566
프랑스	37	55	8	1209
독일	38	53	9	1040
미국	20	79	1	554
일본	47	49	4	502

자료: 구글트렌드　ⓙ중앙일보

※ 출처: 중앙일보, 〈소독제 수출, 작년比 1000% 폭증… 코로나로 위축된 경제 돌파구로〉, 2020.04.09.

※ 출처: 중앙일보, 〈미국·글로벌은 '손소독제' 검색 폭발, 한국은 '마스크만' 검색?〉, 2020.03.09.

기업 상황 점검

■ 현재 기업(투인리브) 상황 정리

1) 예산에 관계없이 시작한다.
2) 최대한 신속하게 진행한다.

CHECK
원하는 사업의 방향에 맞춰 진행 가능한지를 판단하기 위해 비용, 일정, 우선순위를 정리합니다.

☐ 협업 기업 리스트화

☐ 우선순위 세워서 연락하기

☐ 가장 빠른 일정 조율하기

업무 우선순위 정리

손소독제의 문제 해결 방안 및 콘셉트 수립하기

협업 기업 선택하기

손소독제 개발 방안 논의하기

제품 디자인 및 시제품 제작하기

크라우드 펀딩 진행하기

Q 손소독제를 서둘러서 제작하고 펀딩하려는 이유가 무엇인가요?

A 저희는 단순히 '손소독제'라는 제품을 펀딩하고 판매하려는 목적이 아닌, 기존의 손소독제의 문제 해결에 초점을 두었습니다. 이런 문제 해결 방식을 통해 어떤 제품도 개선 가능함을 보여주기 위함입니다. 시기상으로도 적절한 제품이며, 결과물이 테크 제품에 비해 빠르게 나올 수 있어 진행하기로 결정하였습니다.

BEHIND
시기적으로 조금 늦은 감이 있는 만큼, 예산 등에서 세세한 계획보다는 상황에 맞게 쓰면서 빠르게 추진하는 것이 가장 중요한 우선순위였습니다.

제품
제작 과정

투 인 리 브 의 손 소 독 제

기존 제품의 문제 해결 방안

■ 문제 해결을 위한 아이디어 발상

BEHIND

트리즈를 바탕으로 아이디어 발상을 정리했습니다.

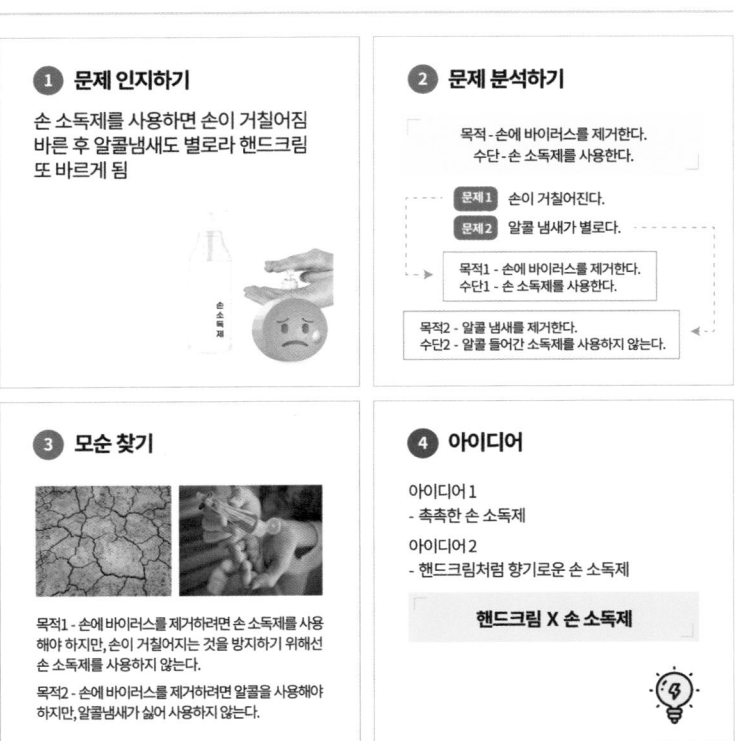

1 문제 인지하기

손 소독제를 사용하면 손이 거칠어짐
바른 후 알콜냄새도 별로라 핸드크림
또 바르게 됨

2 문제 분석하기

목적 - 손에 바이러스를 제거한다.
수단 - 손 소독제를 사용한다.

문제 1 손이 거칠어진다.
문제 2 알콜 냄새가 별로다.

목적1 - 손에 바이러스를 제거한다.
수단1 - 손 소독제를 사용한다.

목적2 - 알콜 냄새를 제거한다.
수단2 - 알콜 들어간 소독제를 사용하지 않는다.

3 모순 찾기

목적1 - 손에 바이러스를 제거하려면 손 소독제를 사용
해야 하지만, 손이 거칠어지는 것을 방지하기 위해선
손 소독제를 사용하지 않는다.

목적2 - 손에 바이러스를 제거하려면 알콜을 사용해야
하지만, 알콜냄새가 싫어 사용하지 않는다.

4 아이디어

아이디어 1
- 촉촉한 손 소독제
아이디어 2
- 핸드크림처럼 향기로운 손 소독제

핸드크림 X 손 소독제

알아가기

트리즈(TRIZ)

트리즈는 창의적 문제 해결을 위한 체계적 방법론입니다. 문제 상황에 관한 최선의 결과를 상정하고 그러한 결과를 얻는 데 방해가 되는 모순을 탐색하여 문제를 해결할 수 있는 방안을 정리할 수 있습니다.

문제 인지 → 문제 분석 → 모순 찾기 → 아이디어

기존 손소독제는 휘발되는 알코올 성분으로 되어 있어 바르고 나면 피부가 건조해지고 냄새 또한 좋지 않았습니다. 이 문제를 해결하기 위해 보습 효과가 있고 좋은 향기도 담긴 손소독제를 개발하고자 했습니다.

제품 콘셉트 기획

CHECK

이 제품을 기획할 때 고려했던
것은 다음과 같습니다.

☐ 왜 이 제품이 필요한가?
☐ 강점, 차별성
☐ 기존 시장 분석
☐ 디자인

■ 손소독제 스토리 콘셉트 기획(버전 1)

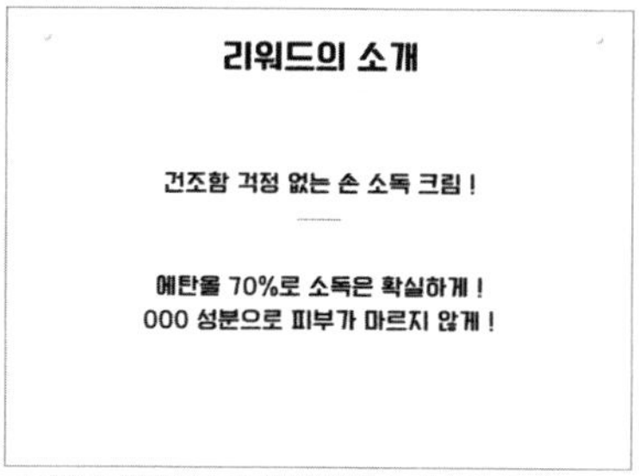

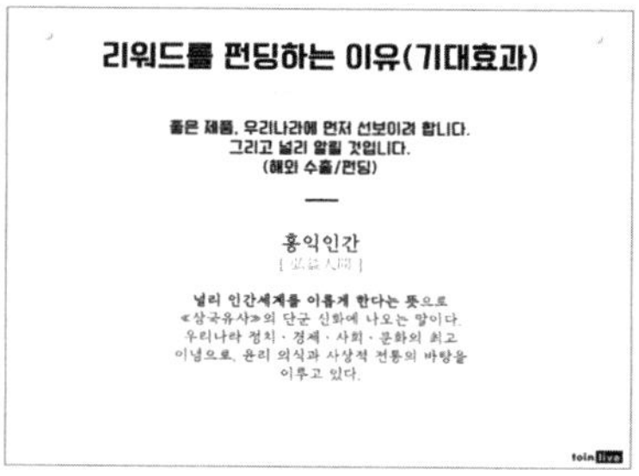

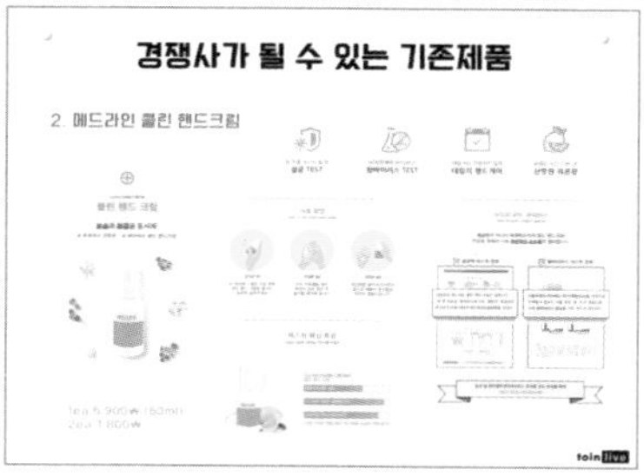

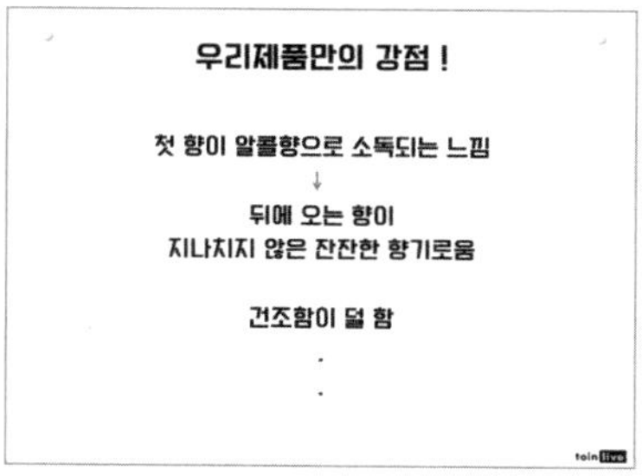

BEHIND

화장품 성분에 대해 자세히 알지
못하므로 어떤 성분을 통해 피부
가 마르는 것을 방지하고 수분이
머무르도록 할 것인지 제조사와
논의한 후 결정했습니다.

제품 소개	건조함 걱정 없는 손소독 크림, 에탄올 70%로 소독은 확실하게! ○○○ 성분으로 피부가 마르지 않도록!
와디즈 펀딩 목적	좋은 제품을 우리나라에 먼저 선보인 후, 널리 인간을 이롭게 한다는 '홍익인간'의 이념을 담아 세계에 알리고자 합니다.
경쟁사 분석	저렴한 손소독제부터, 비교적 고가의 손소독제까지 두루 분석했습니다.
제품의 강점	손에 바르면 알코올 성분은 휘발되고, 보습 성분과 은은한 향기만 남습니다.

■ 손소독제 스토리 콘셉트 기획(버전 2)

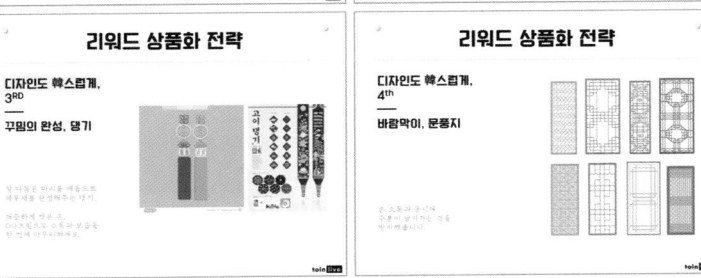

BEHIND

우리나라의 전통문양을 담은 4가지 디자인으로 세트 구성을 기획했습니다. 들고 다니기에 예쁜 디자인, 소중한 분들에게 선물하기 좋은 디자인으로 상품 구성을 하고자 합니다.

BEHIND

왼쪽 PPT의 첨부된 이미지는 디자인 전, 콘셉트 기획 단계에서 외부 이미지를 참고자료로 사용하였습니다. (출처: www.pinterest.co.kr)

한국의 명절	귀성길 안전운전만큼이나 중요한 질병 예방. 소중한 사람과 함께하는 명절에는 가족을 바이러스로부터 지켜주세요.
감사의 카네이션	감사하고 소중한 분들께 드립니다. 어디에 계시든 항상 안전하고 건강하시길 기원합니다.
꾸밈의 완성, 댕기	잘 다듬은 머리의 매무새를 매듭으로 완성해주는 댕기. 깨끗하게 씻은 손, '손소독 크림'으로 소독과 보습을 한 번에 마무리하세요.
바람막이, 문풍지	손에 바르면 알코올 성분은 휘발되고, 나머지 보습 성분과 은은한 향기가 손에 남습니다.

■ 손소독제에 담을 향기 구상

말 리 꽃 향   담 은, 손 소 독 제

말리꽃은 **우리나라에서 피는 쟈스민**입니다.

—

바를 때는 이슬내린 듯한 촉촉함이,
바른 후에는 산뜻한 보송함과 함께
꽃 향이 은은하게 남습니다.

짙은 알콜의 냄새 대신, 은은한 꽃향이 머무를 수 있도록 말리꽃 향을 담았습니다.

누구에게나 낯설지 않은 향이었으면 해서 우리나라의 자스민, 말리꽃을 선택했습니다. 대부분의 고급 향수를 만들 때 자스민이 필수 향료로 사용될 만큼 많은 사람들이 선호하고 자주 쓰이는 익숙한 향이라고 합니다.

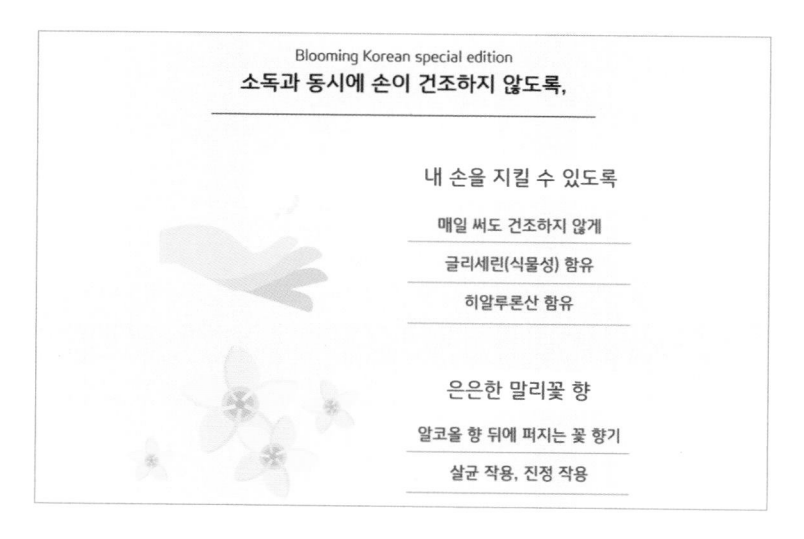

Blooming Korean special edition
소독과 동시에 손이 건조하지 않도록,

내 손을 지킬 수 있도록

매일 써도 건조하지 않게

글리세린(식물성) 함유

히알루론산 함유

은은한 말리꽃 향

알코올 향 뒤에 퍼지는 꽃 향기

살균 작용, 진정 작용

메이킹 스토리
아이디어 실현을 함께할 기업 탐색

■ 미스드래곤(SRC 컴퍼니)의 기술력

ORGANIZATION

SRC COMPANY
President / CEO

상품개발 | SCM | 영업 | MOU 체결

DOMESTIC PARTNER

ANCORS　Dr.Jart+　iMINE　정풍산업
GENIC　MEDIHEAL　OSÉQUE　NEOPHARM　P&C
SNP　NATUZEN　LG생활건강　GREEN COS　PEACH & LILY
COSMAX　AMORE PACIFIC　BEAUTY BAKERY
ROYAL SKIN　RojuWorld　BEST INNOVATION　SKINMED　Dongwon　nblab
HANKOOK COSMETICS　KARATIA　JETEMA　UCL
MBK　BEST SOLUTION　HUGEL
WOOSINC COSMETICS
NUTRICARE　The YEON

GLOBAL QC SYSTEM

원사 (Raw Material)　　전문 품질검증 실험실 (Lab Testing)

주문 추적시스템 (Order Monitoring)　제3자 전문적 검증/인정 (Third Party)

현장 검증시스템 (Onsite Scanning)　생산환경 통제 (Environment)

NON-WOVEN SUPPLY

LG 생활건강　LG 생활건강　JW중외제약

스킨푸드　엘로뷰티　JW중외제약

닥터 자르트　뷰티 하우스　25years old

어떤 문제가 되는 근본 원인을 찾고 그것을 해결한 경험을 가진 기업이므로 손소독제 개발에서도 문제 해결이 보다 빠르고 원활할 것으로 판단하여 협업을 결정했습니다.

HAKU
(워터 드롭 핸드크림 60ml 4종)

미스드래곤은 마스크팩뿐만 아니라 해외 브랜드와 협업하여 핸드크림을 하와이에 수출한 업체입니다. 이번 펀딩에서는 핸드크림의 4종류의 플라워 향과 무겁지 않은 보습감을 손소독제에 반영하고자 했습니다.

SRC 컴퍼니는 에센스와 시트의 최적화를 이뤄내는 마스크팩 제작 기술을 가진 기업입니다. 마스크팩에 사용되는 부직포(시트) 개발 및 OEM, ODM 전문 회사이며, 마스크팩 원단인 시트를 개발하기 때문에 어떤 에센스가 마스크팩에 적합한지 잘 알고 있습니다. 자사 브랜드로 미스드래곤, 꼬모뷰떼를 운영 중입니다.

BEHIND

어떤 문제를 해결한 기업인가요?
미스드래곤의 마스크 팩은, 기존의 마스크팩을 사용할 때 얼굴에 홍조가 생기는 '문제'를 해결하고자 개발되었습니다. 아무리 좋은 성분의 앰플이 담겨도 매개체인 시트(원단)가 좋지 않으면 독이 될 수 있기 때문입니다.

메이킹 스토리
화장품 기업과 협업 체결

BEHIND
협업 방식은 제품 제작과 식약처 허가, FDA 승인 비용은 투인리브에서 지불하고 그 외 제조 업무 및 제품 디자인은 미스드래곤에서 진행하기로 했습니다.

■ 협업 방식 논의

해외 수출을 꾸준히 하고 있는 미스드래곤에서는 한국 제품임을 어필하기 위해 태극 무늬처럼 누가 봐도 한국을 떠올릴 수 있는 디자인을 사용하는 것이 좋다고 알려주었습니다. 따라서 태극마크를 활용하는 제품 디자인과 제조, 식약처 및 FDA 인증은 미스드래곤에서 맡고, 투인리브는 펀딩 페이지를 준비하는 업무를 담당하기로 했습니다.

■ 손소독제 샘플 디자인 작업

용의 머리를 품고 있는 태극마크 디자인에는 미스드래곤의 브랜드 네임을 적용했습니다.

펀딩 일정 및 제작비 확인

■ 손소독제 제작 및 펀딩 일정 계획하기

6월

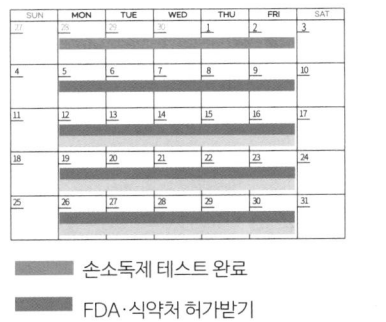

SUN	MON	TUE	WED	THU	FRI	SAT
27	28	29	30	1	2	3
4	5	6	7	8	9	10
11	12	13	14	15	16	17
18	19	20	21	22	23	24
25	26	27	28	29	30	31

7월

SUN	MON	TUE	WED	THU	FRI	SAT
1	2	3	4	5	6	7
8	9	10	11	12	13	14
15	16	17	18	19	20	21
22	23	24	25	26	27	28
29	30					

■ 손소독제 테스트 완료

■ FDA·식약처 허가받기
(판매할 완성품으로 허가 가능)

■ 와디즈 펀딩 페이지 작성
(촬영·디자인 포함)

■ 와디즈 펀딩 기간

CHECK

외주로 맡긴 손소독제 제작이 일정에 맞게 진행되는지 틈틈이 확인합니다.

☐ 샘플 피드백은 신속하게

☐ FDA 및 식약처 허가 시점 확인

☐ 펀딩 페이지 작성을 위해 필요한 요소 점검

■ 손소독제 제작 비용(실제 비용과 오차 있음)

손소독제 500ml	900만 원(MOQ: 3000ea) - 선결제 50%
손소독제 60ml	570만 원(MOQ: 10,000ea) - 용기 비용 280만 원 별도
단상자	120만 원(10,000ea)
쇼핑백	90만 원(1,000개)
합계	약 1,680만 원(택배 박스 등 비용 추가 예정)

알아가기

MOQ(Minimum order quantity)란 최소 발주 수량을 뜻합니다.

■ 할 일 계획하기

7~8월	3주간 펀딩 진행하기
7월 중순	제품 제작 완료
8월	제품 발송

시제품 제작과 테스트

■ 시제품 테스트하기

샘플 준비

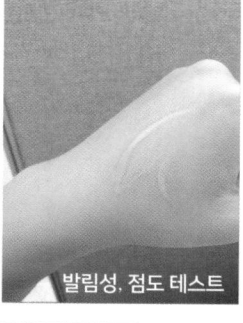
발림성, 점도 테스트

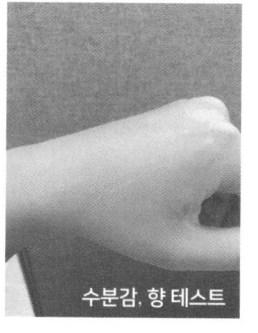
수분감, 향 테스트

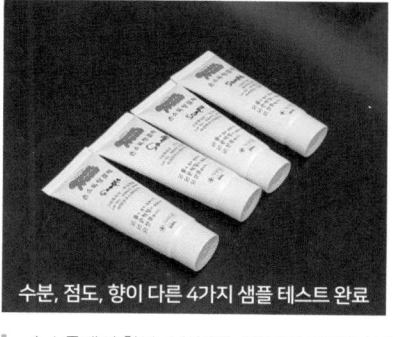
수분, 점도, 향이 다른 4가지 샘플 테스트 완료

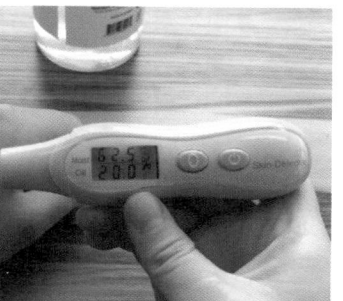

손소독제의 향과 수분감을 4종류로 준비하여 각 4회씩 테스트를 거쳐 완성했고, 최소 발주 수량에 맞춰 생산을 진행했습니다.

크라우드
펀딩
과정

리워드 펀딩 준비하기

펀딩 필수 서류 준비

■ 와디즈 펀딩을 위한 필수 서류 확인하기

FDA 인증서류는 필수 항목은 아니지만 스토리 내용에 넣기 위해 제출했습니다. 화장품, 의약외품을 직접 제조하지 않을 경우에는 위탁제조계약서가 필요합니다.

| 의약외품제조업신고증 | 식약처 품목신고증 | 위탁제조계약서 |

식약처 품목신고에는 45일, FDA 허가에는 2주가 소요되었습니다. 식약처의 품목신고증은 의약외품을 펀딩 및 판매하기 위해 반드시 필요합니다.

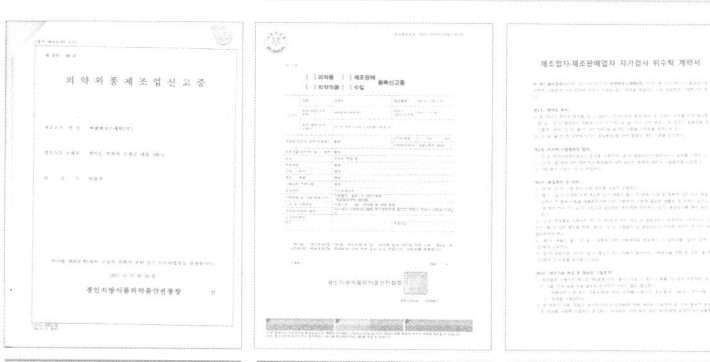

FDA OTC 서류

펀딩 스토리

변경한 디자인 콘셉트로 기획 수정

■ 손소독제 기획안 수정

BEHIND

'손소독 크림'이라는 단어를 사용해 '손소독제'보다 보습이 높다는 점을 강조하고 싶었습니다. 하지만 제품의 특성상 '크림'이라는 단어를 쓸 수 있는 기준에 적합하지 않아, '손소독제 겔'로 표기했습니다.

K-방역으로 세계의 주목을 받는 대한민국에서 만든 손소독제임을 강조했습니다. 또한 예방을 위한 필수 아이템인 손소독제의 문제점이었던 냄새와 보습력을 개선했다는 점도 비중 있게 다뤘습니다.

스토리 작성을 위한 레이아웃 구성

알아가기

'와디즈 펀딩 스토리'에 들어가
야 할 필수 항목

- 펀딩하는 이유
- 프로젝트 소개
- 리워드 구성 및 소개
- 메이커 소개
- 프로젝트 일정
- 리워드 반환 정책
- FAQ

꿀TIP

사진을 촬영할 때는 먼저 스토
리에 들어갈 내용의 큰 틀을 구
상해야 합니다. 어떤 콘셉트로
촬영할지 계획이 없는 상태에서
진행하면 나중에 부족한 콘셉트
사진이 생길 수 있습니다.

■ 스토리에 들어갈 내용 구상

수출 전, 우리나라에 먼저 좋은 제품을 알리고자 와디즈에 펀딩	손소독제 vs 손세정제 살균·소독은 손소독제가!	미국 질병통제 예방센터의 COVID19 예방수칙 자료 소개
믿고 쓰는 소독제 (식약처, FPA 인증 어필)	알코올의 소독 원리 (LG 사이언스랜드 자료 첨부)	기존의 손소독제의 문제(보습, 소독) 해결과 실제 테스트 결과
알코올의 잔향 대신 은은한 꽃향기 소개	· 메이커 소개 · 펀딩금 사용 계획	· 프로젝트 일정 · 리워드 발송 안내 · 리워드 A/S · FAQ

펀딩 스토리 필수 항목에 맞춰 작성할 내용을 쭉 적어본 후, 위의 표처럼 순서를 배치했습니
다. 이를 토대로 펀딩 페이지를 작성하기로 했습니다.

제품 사진 및 영상 촬영

■ 사진과 영상으로 사용 방법 촬영하기

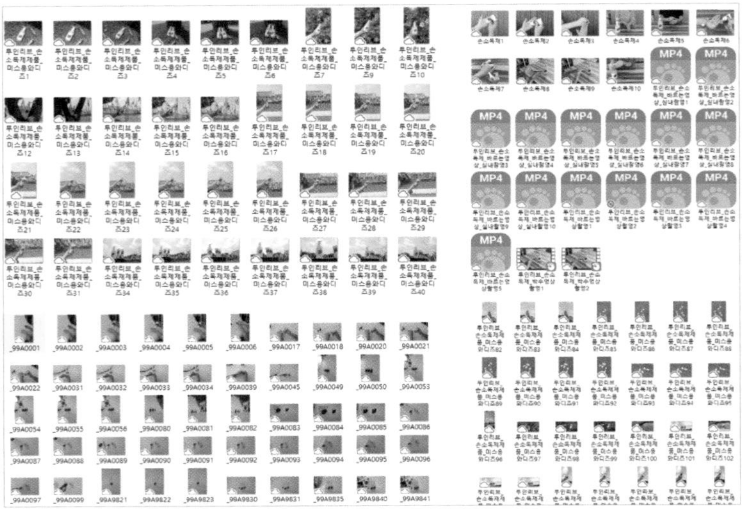

꿀TIP

사진을 찍을 때는 같은 구도에서 두 번씩은 찍는 것이 좋습니다. 구도가 괜찮은데 사진이 흔들려 사용하지 못하게 되는 일을 방지하기 위해서입니다.

총 452장의 사진 촬영, 그리고 소독제 바르는 움짤 영상 제작을 위한 17번의 동영상 촬영이 있었습니다.

■ 이미지 저장 방법

꿀TIP

제품 사진을 찍을 때 어떤 구도로 찍어야 할지 도저히 모르겠다면, 같은 카테고리 라인의 상품을 검색해서 괜찮아 보이는 구도와 동일하게 배치하여 촬영해보는 방법이 있습니다.

사진 파일명은 곧 '#(해시태그)'와 같습니다. 파일명에 기업 이름, 제품명 등 표현하고자 하는 이름을 넣어 페이지에 올리면 해당 단어를 검색했을 때 그 이미지가 노출됩니다.

레이아웃 자료 취합

자료는 최대한 많이 준비할수록
좋으며, 적절한 위치에 가져와
사용할 수 있도록 해야 합니다.

■ 해외 사이트, 신문기사 자료

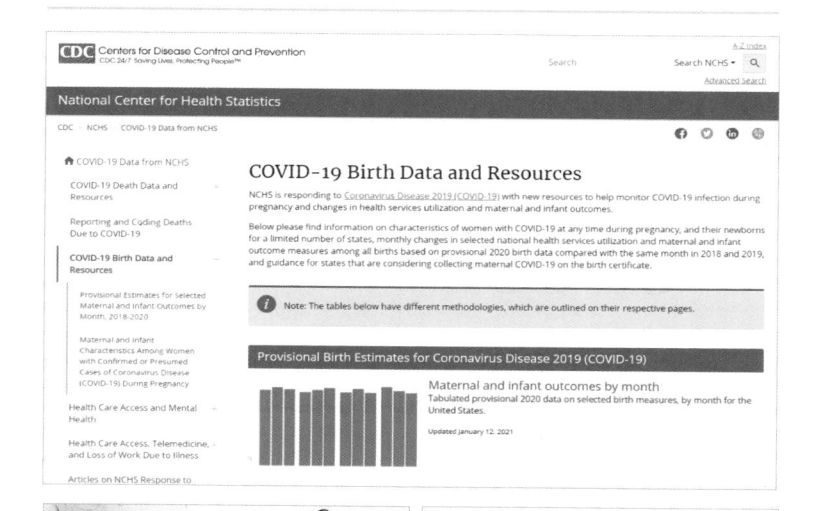

미국 질병통제예방센터(CDC), 국제 과학저널 〈네이처〉, 식약처 등의 다양한 자료를 참고
하여 질병 예방에 손 세정보다 손 소독이 중요한 이유, 알코올 70%가 바이러스에 어떤 영
향을 미치는지에 대한 자료를 취합하여 본문에 적용하였습니다.

펀딩 페이지 스토리 작성

■ 도입부 작업

스토리 요약: 세계 방역을 선도하는 나라에서 만든 손소독제입니다. 한국을 대표하는 손소독제가 되겠습니다.

■ 손소독제의 필요성

스토리 요약: 치료만큼 중요한 예방이 되는 손 소독. 손을 씻고 물기를 완전히 제거한 후 손소독제를 사용해야 물에 희석되지 않아 효과적입니다.

꿀TIP

도입부 후킹

도입부 후킹이란 공감 또는 공감을 유발할 수 있는 문구나 사진을 도입부에 짧게 넣어 주의를 끌고 스크롤을 계속 내릴 수 있도록 하는 전략을 의미합니다.

■ 미국 질병통제예방센터의 코로나19 예방수칙 자료

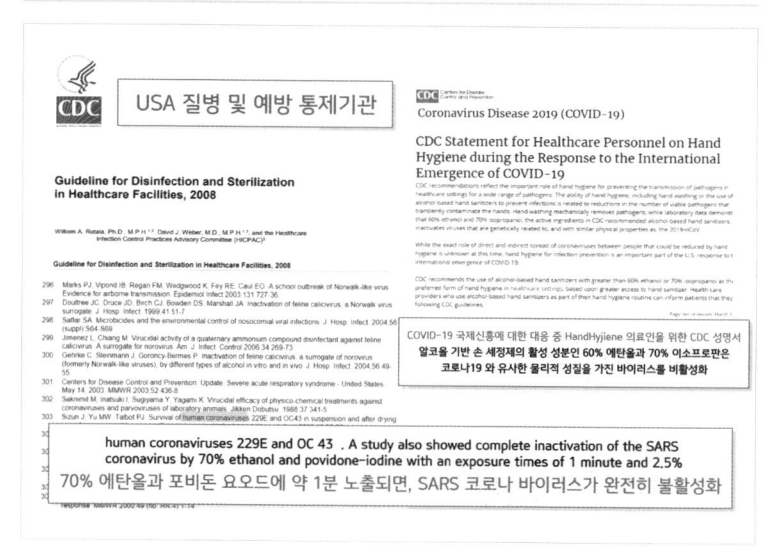

스토리 요약: 바이러스로부터 안전하려면 마스크 착용만큼 손 소독이 중요합니다. 손소독제는 손을 씻을 수 없는 상황에서도 피부에 존재하는 바이러스 증식을 쉽게 억제할 수 있습니다.

■ 식약처 및 FDA 허가증

스토리 요약: 말리꽃 향을 담은 손소독제는 식약처 및 FDA의 허가를 받아 믿고 사용할 수 있는 제품입니다.

■ 알코올 70%가 적합한 이유

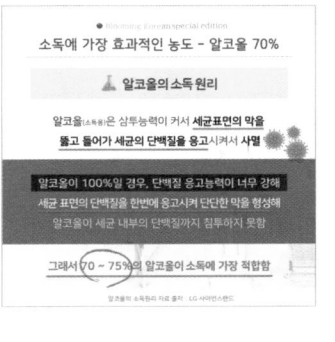

꿀TIP

이 자료는 LG 사이언스랜드에서 발췌했습니다.

스토리 요약: 알코올 100%는 단백질 응고력이 너무 강해 알코올이 세균 내부의 단백질까지 침투하지 못하므로 완전한 세균 박멸이 어렵습니다.

■ 손소독제의 보습 효과

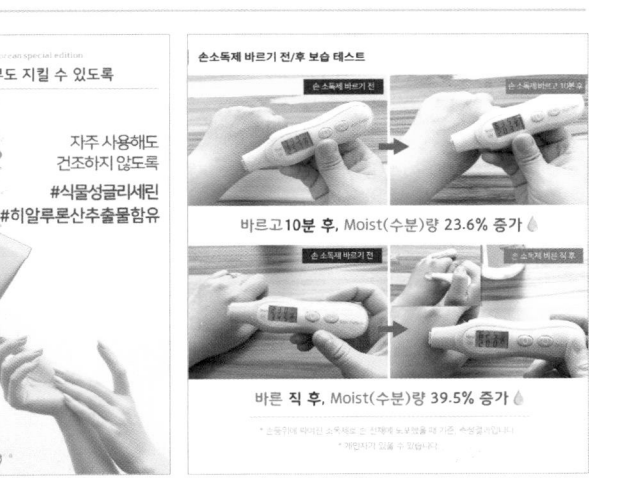

BEHIND

기존 제품의 문제 해결

기존 제품의 첫 번째 문제점은 바르고 난 후의 건조함이었습니다. 이를 해결하기 위해 알코올 70%를 유지하며, 나머지 30%에 보습 성분을 충분히 채웠음을 상세히 설명했습니다.

스토리 요약: 최적의 소독을 위한 알코올 70%를 제외한 나머지 성분은 피부를 위한 재료로 최대한 채워, 다른 손소독제들처럼 가벼운 제형이면서도 피부가 마르지 않는 손소독제를 개발했습니다.

■ 손소독제 전 성분 공개

성분명	규격	%(W/W)	기능
에탄올	KP	70.00	주성분
정제수	KP	적량	용제
카보머	KP	적량	점도조절제
글리세린	KP	적량	피부보호제
프로필렌글리콜	KP	적량	피부보호제
트리에탄올아민	KQC	적량	ph초절제
폴리솔베이트80	KP	적량	유화제
히아루론산엑스	KQC	적량	보습제
조합향료	별규	적량	착향제

제품명 : 미스드래곤 말리 꽃향 손 소독제 겔(에탄올)

유통기한은 제조일로 부터 36개월 입니다.
(제품 상단에 유통기한이 표기되어있습니다:-)

스토리 요약: 소독력이 가장 좋은 알
코올 비율을 맞추면서 촉촉함이 손
에 머무를 수 있도록 배합했습니다.

■ 꽃향기가 나는 손소독제

말 리 꽃 향　담 은,　손 소 독 제

말리꽃은 **우리나라에서 피는 쟈스민**입니다.
—
바를 때는 이슬내린 듯한 촉촉함이,
바른 후에는 산뜻한 보송함과 함께
꽃 향이 은은하게 남습니다.

스토리 요약: 손소독제에 한국의 향
기를 담아 세계에 널리 알리고자 했
습니다. 여러 고민 끝에 많은 사람에
게 익숙한 우리나라의 쟈스민, '말리
꽃'을 선택했습니다.

■ 제품 사용 방법

강낭콩알 만큼 손에 짜줍니다.　　　손에 고루고루 퍼발라줍니다. (산뜻산뜻)　　　향은 약 7초 뒤 맡아주세요!

스토리 요약: 손에 콩알만큼 짜서 고루 바르면 처음에는 알코올 냄새가 나지만, 약 7초 정도
지나면 은은한 꽃향이 퍼집니다.

■ 메이커 소개

● Blooming Korean special edition

의약외품인 손소독제를 연구한 화장품 회사

안녕하세요 !
에스알씨컴퍼니 대표 용이진 입니다.

저희는 우주최강 원단쟁이라고 불리는, 마스크팩 개발 전문 화장품 회사입니다.:^) 제가 화장품에 대한 특별한 부작용은 없는데, 마스크팩을 붙이면 피부가 예민해지고, 붙어겨서 항상 마스크팩을 마음대로 사용하지 못했습니다. 그래서 직접 마스크팩을 개발하게 되었고, 개발하는 과정에서 마스크팩 원단과 에센스의 매칭이 중요하다는 것을 알게 되었습니다. 그래서 직접 좋은 원단을 찾아 예민한 제 피부에도 잘 맞는 원단을 시작으로, 현재는 마스크팩에 담는 에센스 성분과 궁합이 잘 맞는 원단을 매칭 시켜서 마스크팩을 만들고 있습니다. 마스크팩만큼은 업계 최고가 되기 위해 지금까지 달려왔고, [MISS YONG]미스용, 제 이름을 건 브랜드로 소비자에게 제품을 선보이고 있습니다.

마스크팩을 처음 만들던 그때의 마음을 담아 만든 손소독제 입니다.

마스크팩을 처음 만들게 되었던 그 마음처럼, 손소독제도 그렇게 탄생했습니다. 외부에서든 실내에서든, 어떤 화장품보다 내 피부에 자주 바르는 손소독제. 바른 후 짙은 알코올 향과 손에는 건조함만 남아, 이러한 불편한 점들을 개선하기 위해 문제 해결 전문 회사와 협업 및 의약외품 전문가의 도움으로 연구한 결과, 저희[미스드래곤 말리꽃향 손소독제 겔 (에탄올)]이 탄생하게 되었습니다.

> **스토리 요약:** 마스크팩 개발 전문 화장품 회사에서 처음 마스크팩을 만들던 그때의 마음을 담아 손소독제를 만들었습니다. 어느 때보다 자주 사용하는 손소독제인 만큼, 피부가 건조해지는 것을 방지하기 위한 방법을 연구했습니다.

■ 리워드 구성

스페셜 에디션

리워드 01
말리 꽃향 담은, 손 소독제겔
휴대하기에 좋은 60ml × 2개 세트
~~13,800원~~ → 9,660원 **30%**

리워드 02 · 4개 세트 구매시 전용쇼핑백 1개 증정
말리 꽃향 담은, 손 소독제겔
가족과 나눠쓰기 좋은 60ml × 4개 세트
~~27,600원~~ → 19,320원 **30%**

리워드 03
말리 꽃향 담은, 손 소독제겔
비치해두고 사용하기 좋은 대용량 500ml × 1개
~~12,000원~~ → 8,400원 **30%**

와디즈 혜택가

리워드 04
말리 꽃향 담은, 손 소독제겔
휴대하기에 좋은 60ml × 2개 세트
13,800원 → 11,040원 **20%**

리워드 05 · 4개 세트 구매시 전용쇼핑백 1개 증정
말리 꽃향 담은, 손 소독제겔
가족과 나눠쓰기 좋은 60ml × 4개 세트
27,600원 → 22,080원 **20%**

리워드 06
말리 꽃향 담은, 손 소독제겔
비치해두고 사용하기 좋은 대용량 500ml × 1개
12,000원 → 9,600원 **20%**

> **꿀TIP**
> 리워드 구성은 혜택이 높은 구성(한정수량 등)을 상단에 위치하는 것을 권장합니다. 해당 수량이 먼저 펀딩될 수 있도록 하여 빨리 펀딩을 하지 않으면, 두 번째 혜택마저 놓칠 수 있겠다는 생각이 들도록 합니다. (단, 한정수량이 너무 많으면 그만큼 메리트가 줄어들게 됩니다.)

> **꿀TIP**
> 리워드 등록하는 별도의 입력 칸에 수량을 제한할 수 있습니다.

현장사진
종이백은 손소독제 60ml 4개를 담기에 알맞은 크기입니다.

> **스토리 요약:** 4개 세트 구매 시 선물용 쇼핑백을 증정합니다. 또한 먼저 펀딩하는 분들에게 30% 혜택을 드립니다.

펀딩 페이지의 마무리는 어떻게
하고, 마지막으로 서포터에게
어떤 메시지를 전할지 고민했습
니다.

■ 맺음말

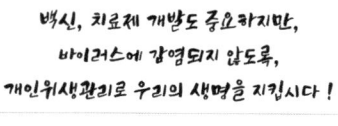

스토리 요약: 말리꽃의 꽃말은 '행복'입니다. 손소독제 자체도 좋지만 더 의미 있는 선물이
될 수 있도록 건강을 기원하는 문구를 담아 선물용 쇼핑백을 제작했습니다. '당신의 오늘에
게 선물한다'라는 말은 오늘만 건강하라는 뜻이 아닌, '내일도 만나고 싶다'라는 의미입니다.

사업타당성을 분석할 때, 과연
이 리워드가 시장에서 얼마나
반응이 있을지, 얼마나 많은 사
람들이 필요로 할지를 고민하는
것처럼 스토리 작성도 마찬가지
입니다. 과연 서포터는 어떤 이
야기를 듣고 싶어 할까요?

■ 기타 내용

Q&A	프로젝트 일정
1. [MISS YONG]이 아닌, 왜 [MISS DRAGON]인가요? -미국 수출을 준비하는 과정 중, 해외상표출원에서 유사 상표가 있어 미스드래곤으로 변경하게 되었습니다:) 2. 알코올과 에탄올, 같은 것인가요? -에탄올은 알코올의 한 종류입니다.	• 와디즈 펀딩 종료일 : 8월 6일 • 리워드 제작일 : 7월 7일 • 리워드 발송 시작일 : 8월 21일

리워드 발송 안내	리워드 특이사항과 A/S 정책
• 발송 방법 : 택배발송 • 발송 택배사 : CJ택배 (변경될 수 있음) • 발송 일정 : 8월 21일~8월 31일 (1일 최대 1000개씩 순차 발송) • 도서/산간지역 발송 안내 : 펀딩 시, (후원금)더하기 3,000원 기재 부탁드리겠습니다. • 수령 후 보관 시 유의사항 : 35℃ 이상의 온도에서는 제형이 약간 묽게 변할 수 있습니다.	펀딩 종료 후 와디즈 펀딩금 반환 정책에 따라 리워드에 하자가 있을 경우 펀딩금 반환 신청을 할 수 있습니다. 자세한 정책 내용은 (펀딩 안내)탭을 클릭하여 확인해주세요. 1) 리워드 하자가 아닌 경우 리워드의 특성상, 아래의 항목들이 발생할 수 있으며 이는 리워드의 하자/불량이 아닙니다. 펀딩 시 점을 유의해주세요.

▲ 스토리 요약: Q&A, 프로젝트 일정을 작성하고, 리워
드 발송 안내와 A/S 정책은 와디즈의 정책에 따릅니다.

◀ 투인리브 소개: 투인리브가 단순 펀딩 메이트 역할을
하는지, 서포터의 입장에서 보면 혼란스러울 것입니다.
협업하고 문제 해결 아이디어를 제공한 기업으로 보이고
싶었지만 의도가 잘 전달되었을지, 우리를 드러내고자 했
던 욕심은 아니었을지 돌아보았습니다.

와디즈의 피드백

■ 완성한 펀딩 페이지 제출(3~5일 내 심사 진행)

본 프로젝트의 리워드를 확인한 결과, 아래의 서류가 제출되어야 합니다. 해당 서류를 리워드 종류 및 제작형태(기본 요건 Q3. 하단)의 편집 버튼을 클릭하여, 필수 서류 업로드란에 첨부 부탁드립니다. **부득이하게 용량을 초과한 경우,** rewardmaster+Marshall@wadiz.kr로 **전달 부탁드립니다.**

(인증대상이 아니라면 객관적인 이유를 밝혀주세요. 예. 법적근거)

▶ **위탁제조계약서**(양사 직인 필수)

∨ **희망하시는 프로젝트 기간을 알려주세요.**

희망 프로젝트 진행 기간 :

*월*일 : 오픈예정 시작(최소 7일 최대 15일)

*월*일 : 오픈예정 종료 및 프로젝트 시작(최소 7일 최대 60일)

*월*일 : 프로젝트 종료

*월*일~*월*일 : 결제 기간

*월*일 : 발송시작

▶ **한 눈에 보는 프로세스**→ https://www.notion.so/970f1438be6843ce8b1faee8bf552430

▶ **프로젝트 일정 세팅 방법**→bit.ly/2ShYtbj

해당 기간을 고려하여 오픈 도와드릴 예정이나, 피드백 반영 속도 및 반영률에 따라 오픈일정은 변경될 수 있습니다.

답변 2020-07-14

*월*일 : 오픈예정 시작-7월15일~7월19일까지 희망합니다. (피드백 기간이 생각보다 지체되어 오픈일정이 늦어지면 안되어서요...꼭 7일을 준수해야 한다면 22일에 바로 오픈 할 수 있게 15일 오픈예정 오픈 부탁드리겠습니다.

*월*일 : 오픈예정 종료 및 프로젝트 시작(최소 7일 최대 60일)-7월 20일 (또는 22일)~8월 6일 *월*일 : 프로젝트 종료-8월 6일 *월*일~*월*일 : 결제 기간-8월7일-8월10일*월*일 : 발송시작-8월21일 발송시작

직접 제조하는 경우가 아닌 모든 리워드는 위탁제조계약서를 필요로 합니다. 실제로 제작할 계획이 있는지, 준비가 되어 있는지를 확인하기 위한 절차로 펀딩 전에 제출하게 되어 있습니다.

위의 내용에는 없지만 페이지에 '코로나19 예방'이라는 단어를 직접적으로 쓸 수 없다는 피드백을 받았습니다. 아직 검증된 예방 및 치료법이 공식적으로 증명된 바가 없으며, 손소독제를 바른다고 코로나19가 100% 예방되는 것은 아니기 때문입니다.

새소식으로 소통하기

BEHIND

펀딩 스토리 중에서 더 강조하고 싶은 부분이 있다면 새소식으로 한번 더 어필하는 것도 좋은 방법입니다.

■ 새소식으로 페이지에 담지 못한 내용 전달

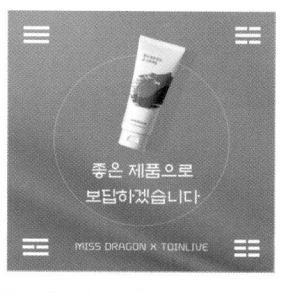

스토리 요약: '소독+수분+향' 세 가지를 모두 만족할 수 있는 제품이 나오기까지, 여러 번의 테스트를 통해 무엇 하나 부족하거나 지나치지 않도록 담았습니다.

■ 제조 공정 사진 공개

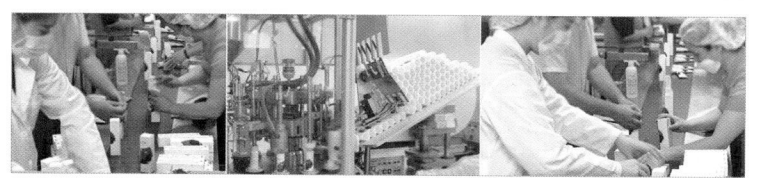

신뢰를 높이고자 새소식에 손소독제가 제작되고 있는 현장의 사진을 공개했습니다.

제품 제작 완료

■ 펀딩 중 제작 완료된 손소독제 입고

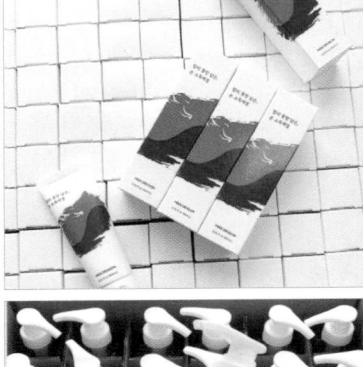

▍ 제작 완료된 손소독제를 입고하고 검수 및 검품 작업도 진행했습니다.

■ 제품 발송

BEHIND

페이지에 배송비가 3,000원으로 설정되어 있었는데 2,500원에 발송할 수 있게 되어 편지와 함께 500원을 동봉해 발송했습니다.

▍ 제품의 탄생 배경을 담은 작은 엽서와 편지, 펜을 손소독제와 함께 발송했습니다.

펀딩이 끝난 이후

■ 수출의 제한적 상황

K-방역의 흐름을 틈타 수출을 노렸지만 현실은 쏟아져 나오는 중국의 저렴한 손소독제로 인하여 개당 이익을 10원 남기기도 불가능했습니다. 운송료, 보관료를 포함하면 마이너스였습니다. 알코올 70%를 유지하면서 향과 보습이란 세 마리 토끼를 잡으려다 보니, 타사 손소독제 판매 가격이 우리 손소독제의 실제 원가 금액으로 형성되었습니다. 또한 알코올 70% 이상 제품은 폭발 위험으로 항공 수화물로 불가하며, 컨테이너로 수출해야 하는 어려움도 있었습니다.

■ 반짝이는 제품이 더 빛나지 못한 아쉬움

크라우드 펀딩은 성공했지만 좋은 제품을 더 알리지 못한 아쉬움이 남습니다. 그럼에도 의약외품 OEM 생산부터 펀딩까지 좋은 경험이 되었고, 펀딩이 종료된 후 더 명확한 시장 분석이 가능했습니다. 그 과정에서 기획과 전략의 문제점 발견하고 되짚어보는 시간을 가졌습니다.

■ 투인리브가 돌아본 크라우드 펀딩

교구, 밀키트 등의 펀딩 기획 경험을 바탕으로 새로운 카테고리 제품을 다뤄보고자 뛰어들었던 손소독제 펀딩. 펀딩이 종료되고 반년이 지난 지금, 과연 우리는 이 리워드를 통해 어떤 가치를 주려고 했던 것인지 다시 한번 생각해보았습니다. 펀딩 페이지를 다시 보니 와디즈는 수출을 위한 징검다리인가? 하는 생각이 들 정도로 도입부가 매력이 없었습니다. 우리의 첫 시작은 손을 건조하게 하는 손소독제의 문제 해결과 향의 개선이었는데, 핵심에서 벗어나 정작 중요한 가치는 어필하지 못하고 수출에 대한 의욕 가득한 느낌만 먼저 전달된 게 아닌가 싶습니다.

■ 손소독제 펀딩, 그 이후

독립기념관, 유관순열사에 손소독제 기증 (2020년 8월 15일)

광복절과 유관순 열사 순국 100주년을 맞아 천안에 행사가 열렸습니다. 코로나로 인하여 내부 출입 제한 및 거리두기도 함께 이루어졌지만 좋은 제품을 더 많은 사람들이 사용해볼 수 있도록 기증했습니다.

단체 및 기관에서 문의

좋은 제품을 의미 있는 행사에서 쓰고 싶어하는 단체에서 주문이 많았습니다. 비록 수출의 문을 여는 데는 실패했지만, 다른 채널로 판매할 수 있는 기회가 생겨 다행이었습니다. 그렇지만 실수는 반복되지 않도록 치밀한 사전 시장조사, 그리고 펀딩을 진행하면서 흔들렸던 방향 역시 바로잡을 수 있게 매뉴얼을 세워볼 계획입니다.

제품 제작부터 펀딩까지 한눈에 보는 일정표

2020년 4월
기존 손소독제의 문제 해결 아이디어와
제품 기획안을 가지고
제조 또는 OEM을 진행하기로 결정

2020년 4월~5월 초
미스드래곤과 본격적인
협업 제품 샘플 테스트(16종)

2020년 5월 중
제품 확정 후, FDA와 식약처 등록을 위한 미팅
FDA 승인은 2주, 식약처는
인증이 밀려 있어 45일 소요

2020년 6월 초
손소독제 목업 디자인
FDA 등록을 위한 제품명 및
디자인 확정. 1주간 마무리 후
FDA 및 식약처 등록

선물용 쇼핑백 아이디어 및
포장용 박스 구상
박스 포장 개수 확인

2020년 6월 중
손소독제 균 검사
완제품으로 검사 확인,
와디즈 스토리에 손소독제의
소독력 어필 작성 예정

2020년 7월 초
식약처 인증 완료,
제품 샘플 받아
사진 및 영상 촬영,
펀딩 스토리 작성 및 제출

2020년 7월 중
7일간 오픈예정 서비스
총 4번의 와디즈 피드백
오픈 승인 후
전자약정서 체결

와디즈 펀딩
프로젝트 오픈

2020년 7월 말
제품 제작 완료,
자사 창고로 제품 이동

2020년 8월 초
제품 포장 및
서포터들에게 보낼 엽서 제작

리워드 새소식 작성
총 5건

와디즈 펀딩
프로젝트 오픈

2020년 8월 중
1차 정산금 신청

와디즈 1차 정산금
입금(80%)
정책에 따른 반환 기간이 종료된
후 나머지 정산금 입금 예정

휴가 및 연휴로 쇼핑백 제작이
지연되어 배송 기간에
딱 맞춰 발송 진행

2020년 9월 중
2차 정산금 신청

와디즈 2차 정산금
입금(20%)

손소독제 펀딩 페이지

memo

memo